les 21 et 22 Janvier 1913

(HOTEL DROUOT)

CATALOGUE

DE LA

BIBLIOTHÈQUE

DE

M. PAUL EUDEL

AUTOGRAPHIES ET MANUSCRITS — LIVRES ANCIENS
ALMANACHS ILLUSTRÉS DU XVIIIe SIÈCLE

BEAUX-ARTS

Bibliophilie, Bijouterie, Orfèvrerie, Céramique,
Curiosité, Estampes, Gravures, Monnaies, Musique, etc.

LITTÉRATURE

PUBLICATIONS DE LA SOCIÉTÉ DES CENT-BIBLIOPHILES
LIVRES AVEC DESSINS ET AQUARELLES ORIGINALES
ÉDITIONS ORIGINALES AVEC AUTOGRAPHES, ENVOIS et
DOCUMENTS DIVERS.

PARIS

LIBRAIRIE E. JEAN-FONTAINE

JULES MEYNIAL Succr

30, BOULEVARD HAUSSMANN, 30

1913

LA VENTE AURA LIEU

Les Mardi 21 et Mercredi 22 Janvier 1913

A DEUX HEURES PRÉCISES

A L'HOTEL DES COMMISSAIRES-PRISEURS, RUE DROUOT, 9

SALLE N° 8.

Par le Ministère de Mᵉ **LAIR-DUBREUIL**, Commissaire-priseur

6, RUE FAVART, 6

Assisté de M. **JULES MEYNIAL**, Libraire

30, BOULEVARD HAUSSMANN, 30

EXPOSITION

du 13 au 19 Janvier 1913

A l'Annexe de la Librairie **JULES MEYNIAL**

15, Rue du Helder

Voir à la fin l'ordre des Vacations.

CONDITIONS DE LA VENTE :

La vente se fait au comptant.

Les acquéreurs paieront DIX POUR CENT en sus des enchères.

Les livres devront être collationnés dans les vingt-quatre heures de l'adjudication.

Passé ce délai ils ne seront repris pour aucune cause.

M. JULES MEYNIAL se réserve la faculté de réunir ou diviser les numéros du Catalogue. Il remplira les commissions des personnes qui ne pourraient assister à la vente.

CATALOGUE

DE LA

BIBLIOTHÈQUE

DE

M. PAUL EUDEL

CATALOGUE

DE LA

BIBLIOTHÈQUE

DE

M. PAUL EUDEL

PARIS

LIBRAIRIE E. JEAN-FONTAINE

Jules MEYNIAL, Succr

30, BOULEVARD HAUSSMANN, 30

1912

AUTOGRAPHES
ET MANUSCRITS

1. Balzac (Mme veuve de). Correspondance
avec Champfleury. 68 lettres, 217 pp. in-4,
en 11 cahiers, dans un emboîtage.

> Copie dactylographique de cette précieuse et remar-
quable correspondance commencée peu de temps
après la mort de Balzac. Ces lettres sont renfermées
dans une enveloppe portant l'inscription suivante, de
la main de Paul Eudel « *Correspondance de Mme Vve
de Balzac avec Champfleury. Copie certifiée conforme
aux originaux.* »
> Pour connaître les relations de Mme Hanska et de
Champfleury et l'intérêt de ces lettres, il faut lire
Champfleury et Mme Hanska, article de Pierre Dufay
paru dans le *Mercure de France* en 1908.

2. Billault (Auguste-Adolphe-Marie), célèbre
ministre de Napoléon III (1805-1863).
54 lettres autog. sign., en 1 vol. in-8, demi-
rel.

> Lettres de 1837 à 1852, la plupart adressées au

baron Tharreau, beau-frère de Billault et parmi lesquelles nous signalons :

1º L. a. s. au rédacteur de la *Biographie des hommes
du jour* (Paris, 1838), 2 pp. in-4. Lettres des plus
intéressantes pour la biographie de cet homme d'Etat.
Billault y raconte sa vie politique de 1830, époque où
il fut élu membre du conseil municipal de Nantes,
jusqu'en 1837, année où le département de la Loire-
Inférieure l'envoya à la Chambre des Députés.

2º L. a. s., 12 août 1844, 3 pp. in-8, relative aux
élections législatives et à la candidature de David
d'Angers.

3º Les lettres écrites pendant la Révolution de 1848.
On a joint aux lettres de Billault : 7 lettres de
Mme Billault (née Ducoudray-Bourgault); l'acte de
décès de la même; une circulaire du maire de Nantes
relative à l'érection d'un monument à Billault.

1 l. a. s. du Maréchal Vaillant, 1er novembre 1863.

Le maréchal envoie au Maire de Nantes une souscription de 300 francs pour le monument à Billault,
5 pièces diverses, actes sous seing privé, etc.

3 l. a. s. du baron Tharreau, neveu de Billault.
1884-1887. Ens. 71 pièces.

3. BOURCARD (Gustave). 66 lettres autogr. de
   1882 à 1885, rel. en un vol. in-8, maroq.
   grenat à long grain, filets, dos orné, dent.
   intér. (*Pouillet*).

Correspondance relative à l'ouvrage de G. Bourcard : Les Estampes du XVIIIe siècle. *Paris, Dentu,*
1885, ainsi que sur les estampes anciennes et les
collections.

Lettres de MM. Bonnaffé, Ris-Paquot, Pillet, etc., ajoutées.

Un travail sur les prix et les états du portrait de Bossuet, peint par Rigaud grav. par Drevet. Une note de 4 pages : Comment l'idée est venue à M. Bourcard de faire son travail sur les estampes, suivie d'une liste d'ouvrages sur les graveurs.

4. BURTY (Philippe), critique d'art, auteur de *Maîtres et petits-maîtres* et de nombreuses études et notices, éditeur de la *Correspondance* de Delacroix. 95 lettres autog. sign., dont 89 adressées à Champfleury.

Très intéressante correspondance dont nous donnons ci-dessous un résumé succinct.

Juillet 1860. — Je reçois de Hauteville-House une curieuse lettre de V. H. Il me renvoie à M. Ch. Baudelaire pour des renseignements. Etes-vous lié avec le susdit et le cas échéant voudriez-vous me mettre en rapport avec lui, etc.

Février 1861. — Il s'excuse d'avoir pu, dans un compte rendu de vente, blesser Champfleury par une allusion. Je ne voulais pas dire que vous n'étiez pas capable, mais bien que vous étiez trop homme d'esprit pour être à la tête d'un bazar de vente. Tant de gens intelligents se coulent dans le commerce, il est fait pour des intelligences moyennes. Voyez les plus intelligents marchands, tous végètent.... Nerval n'est-il pas l'anagramme, sauf une lettre, de Labrunie ! (suit l'anagramme).

Février 1862. — 2 lettres. Il défend la *Chronique des Arts* et ses rédacteurs contre certaines critiques de Champfleury.

17 août 1864. — Il parle de ses démêlés avec la *Gazette des Beaux-Arts* et des suppressions qu'on lui impose, cette censure exercée sous l'influence de cuistres qui nous débordent le remplit d'ennui pour l'avenir.

3 sept..1864. — 3 pp. in-8, très intéressante lettre critique dans laquelle Burty met en parallèle Paul de St-Victor et Th. Gautier considérés comme critiques d'art.

Je vous croyais plus ferré sur les sentiments intimes de vos contemporains! Gautier n'aime pas plus la peinture que la musique, c'est un miroir.... St-Victor est un phénomène littéraire beaucoup plus compliqué... il conclut qu'il restera peu de chose de leurs œuvres.

Octobre 1864. — 3 pp. in-8. Lettre relative à Traviès au sujet duquel Champfleury lui demande de réunir des renseignements et anecdotes. « Les croque-morts avec lesquels il aimait à se pocharder le rapportaient chez lui dans les voitures de deuil. »

Octobre 1864. — 3 p.p. et demi in-8, curieuse lettre relative aux phallus qui figurent sur un bas-relief de la Maison Carrée de Nîmes. Dissertation sur les priapes avec 3 croquis à la plume.

Intéressante lettre relative au peintre Hervier. L'artiste, à propos duquel Burty vient d'écrire un article, est venu le voir Hervier lui a paru bien intéressant, sa conversation est même extraordinaire au milieu de tous les sots et valets qui composent la gent porte-pinceaux actuelle, etc.

Il demande à Champfleury s'il n'a pas publié un curieux document sur *Delacroix Carbonaro*. Il l'informe qu'il livre enfin à l'impression le manuscrit de la correspondance du Maître.

Juillet 1879. Il a reçu son étude sur Henri Monnier et l'en félicite, il ne lui reproche que sa mauvaise humeur contre Balzac, lequel a fait, et bien inconsciemment, le plus étonnant portrait de H. Monnier. Il était encore ressemblant au jour de sa mort. Les extraits des lettres de Mme Monnier — qui n'est pas une sotte, bigre! — en confirment la vérité. Il fait en ce moment, pour l'Angleterre le catalogue de l'Œuvre de Meryon et cela pendant que le Conseil Municipal vote une statue à Paul Delaroche sur la façade du nouvel Hôtel de Ville!

12 juillet 1880. — 2 pp. in-8. Très intéressante lettre relative à Delacroix. Il a pour Champfleury un exemplaire des lettres (de Delacroix) avec des notes d'un M. Lassalle (Il s'agit des notes communiquées par M. Lassallé-Bordes et utilisées par Burty dans la seconde édition des Lettres de Delacroix) qui sont prudhommesques mais en somme très sincères. Delacroix lui-même m'a dit avoir reçu de Gœthe une lettre de remerciements. Mais elle lui fut gardée (Burty avait tout d'abord écrit *volée*), me dit-il par un collectionneur trop enthousiaste, lequel collectionneur était Feuillet de Conches. Vous n'ignorez pas que Gœthe a parlé, et bien parlé, de Faust avec Eckermann, etc.

Outre les 89 lettres à Champfleury le dossier contient :

3 l. a. s. à Mlle Villa, relatives à la correspondance de Delacroix.

1 l. a. s. à Léopold Flameng relative au *Paris-Guide*, dont Burty était le directeur artistique.

1 l. a. s. à Chesneau.

3 eaux-fortes originales de Philippe Burty.

5. CAHU (Théodore), littérateur et journaliste,
auteur de nombreux romans, quelques-uns
écrits sous le pseudonyme de Théo-Critt.

Second Mariage. Roman. Manuscrit autographe de
463 pp. in-8, cart. toile. Lettre de l'auteur jointe.

6. CHAMPFLEURY (Jules Fleury-Husson dit),
littérateur, auteur de *Chien-Caillou*, *Le violon
de faïence*, etc.

Les Souffrances du professeur Delteil, manuscrit
autog. de 70 ff., demi-rel., dos et coins de veau fauve,
dos orné, non rogn.

7. CHAMPFLEURY. *Les Amis de la nature*, nouvelles. Manuscrit autog. de 35 ff. gr. in-8,
cart. demi-vélin.

8. CHAMPFLEURY. Théâtre. Manuscrits autographes. 7 vol. in-8, cart.

L'Avocat Trouble-Ménage, comédie en 1 prologue et
3 actes, 110 ff. — Ma tante Péronne, comédie, 49 ff. —
Polichinelle et la mort, 8 ff. — Les caprices de Co-
lombine, pantomime, 4 ff. — Les héritiers Dumage,
comédie en un acte, 51 ff. — Pantomimes et fragments
de comédies, inédits : Aventures merveilleuses du
bossu Bacbouc, 16 ff. L'homme au chapeau crasseux,
28 ff. Les Français en Egypte, 8 ff. Qui portera la cu-
lotte, etc.

9. CHAMPFLEURY. *Le Jardin du Roy.* Manuscrit autographe, 100 ff. gr. in-8, du roman

publié en 1882 sous le titre de *Fanny Mino-
ret*, cart. vélin (*Pouillet*).

10. CHAMPFLEURY. Manuscrits autographes,
3 vol. in-4 et in-8, cart.

> Monsieur Tringle, 25 ff. — Monsieur Tringle, pan-
> tomime en 6 tableaux, 8 ff. — Monsieur Grog, l'homme
> à la jambe d'or, 11 ff. autog. et copie dactylographique.
> — Illustrations de berceuses, projet d'ouvrage. 6 im-
> portantes aquarelles originales avec notes autog. de
> Champfleury.

11. CHAMPFLEURY. *Mademoiselle Finot*, roman.
Manuscrit autog. de 122 ff. gr. in-8, cart.
toile.

> Portrait de l'auteur ajouté.

12. CHAMPFLEURY. *Mémoires*. Premier manuscrit autographe, en 86 ff. in-4. L'auteur en
publiant cet ouvrage en 1872, sous le titre de
Souvenirs et portraits de jeunesse, y fit de
nombreuses suppressions.

13. CHAMPFLEURY. Documents pour servir à la
biographie de Balzac. *Balzac propriétaire.*
Manuscrit autog., 6 pp. in-8, accompagné
des épreuves corrigées et de la brochure imprimée. *Paris*, 1875, tirée à 150 ex. num.
— *Balzac au collège.* Manuscrit autog. de
9 pp. in-8, accompagné de la brochure imp.

Paris, Patay, 1878, tirée à 200 ex. — *Le père de Balzac.* Manuscrit autog. de 9 ff. gr. in-8. — Environ 50 notes manuscrites de Champfleury relatives à Balzac.

33 lettres et documents manusc. ou imp. parmi lesquels : Balzac, sa méthode de travail. *Paris, Patay*, 1879, broch., accompagné d'épreuves avec corrections. Les Amis de Balzac (Extrait de revue). 1 l. a. s. du Dr Camuset, l'auteur des *Sonnets du Docteur*, relative au Collège de Vendôme où Balzac fit ses études. 1 l. a. s. de Juliette Lamber (Mme Adam). 15 l. a. s. de Dutacq, relatives à Balzac, etc.

14. CHAMPFLEURY. Manuscrits autographes. 5 vol. in-4 et in-8, cart.

Mon ami Roblin, comédie, 36 ff. — Mon ami Roblin, roman (Copie manusc. avec corrections de Champfleury), 91 ff. — Sensations de Josquin : Le Duel, 10 ff. — La tragédie du passage Radziwill, 61 ff. — Le porte drapeau, 34 ff., et épreuves avec corrections.

15. CHAMPFLEURY. César le photographe, in-8, cart.

Manuscrit autographe, 21 pp., de cette fantaisie de Champfleury publiée sous le pseudonyme de Bloom-field et illustrée par Edmond Morin. Le texte est accompagné des **10** DESSINS ORIGINAUX à la plume D'EDMOND MORIN.

16. CHAMPFLEURY. *Le peintre ordinaire de Gaspard Deburau* (Auguste Bouquet). Manus-

crit en partie autographe, 49 ff. in-8, cart.
demi-vélin. On y a joint : La brochure imprimée. *Paris, Lib. de l'Art*, 1889, fig. tirée à 120 ex. num., 2 affiches de représentations données par Ch. Deburau; 13 lettres autog. sign., dont 3 de A. Piedagnel et 3 de Ch. Deburau.

17. CHAMPFLEURY. Manuscrits autographes. 4 vol. in-8, et in-12, cart.

Histoire critique des doctrines sur l'éducation en France depuis le xvie siècle, 46 ff. — La Société des Gens de lettres de l'avenir, 13 ff. — Voyage autour de ma bibliothèque, 6 ff. (inachevé et inédit). — De la condition des gens de lettres dans l'avenir, 6 ff.

18. CHAMPFLEURY. Manuscrits autographes. 5 vol. in-8, cart.

Mémoire présenté à S. E. le Ministre l'Instruction publique à l'effet d'examiner la situation actuelle des romanciers. 1859, 34 ff. — Une réception au jour de l'an au ministère de l'Instruction publique, sous Napoléon III, 8 ff. — D'une nouvelle interprétation de la Légende gothique du Juif-Errant, 23 ff. — Conte de la Bohème Allemand, 6 ff. — 19 articles et études divers sur Victor Hugo, les Salons, la Maison de Scarron, Victorine (du *Philosophe sans le savoir*), La légende de Sainte Cécile, Le centenaire de 1789, Pèlerinage à à Langres en l'honneur de Diderot, etc., 65 ff.

19. CHAMPFLEURY. Réunion de 1 vol. et 52 piè-

ces diverses, relatifs à la Manufacture de Sèvres.

Notes manuscrites de Champfleury, correspondance,
articles, etc., 52 pp.

Guide du visiteur à la Manufacture de Sèvres. *Paris,
Mourgues, 1880,* in-12, cart.

20. CHAMPFLEURY. *Le Marchand de poissons.*
Manuscrit autog. de 6 ff. in-8, cart.

Fantaisie licencieuse inspirée à Champfleury par un
dessin priapique copié sur un vase grec et faisant
partie de la collection de crayons léguée par Muret au
Cabinet des Médailles de la Bibliothèque Nationale.
L'auteur, sous le nom du Comte de Caylus et le titre
de *Les poissons de Gnide,* en fit tirer 37 exemplaires
qu'il distribua à ses amis.

On a ajouté au manuscrit : 4 dessins originaux du
frontispice, copie du crayon de la B. N., dont 1 au
crayon et 3 à la plume, une épr. d'essai du même
dessin, ainsi que le zinc ayant servi à imprimer cette
planche.

On y joint une copie manuscrite avec de nombreuses
corrections autographes de Champfleury, in-12, cart.

21. CHAMPFLEURY. Manuscrits, correspondance,
imprimés et documents divers relatifs à
Champfleury, à ses œuvres et à ses collections.
113 pièces dont 59 en 5 vol. in-8, cart. ou br.,
et 54 en feuilles dans un emboîtage.

Eudel (Paul). Champfleury, sa vie, son œuvre et ses
collections, manuscrit autog. de 99 ff. in-8. — Clouard
(Maurice). L'œuvre de Champfleury. Bibliographie,

manuscrit autog. de 45 ff. in-4. — L'œuvre de Champfleury. *Paris, Sapin*, 1891, plaq. in-4. Ex. imp. sur papier vert. — Notes de Champfleury relatives à l'exploitation de ses œuvres. — Catalogue annoté de sa collection de faïences patriotiques. — Extraits de journaux, etc.

22. CHINCHOLLE (Charles). *Le Crime du garçon coiffeur*, roman parisien, 1888. Manuscrit autographe de 691 pp. in-8, en 2 vol., cart. toile.

> Au cours de la composition de l'ouvrage, l'auteur a noté sur un grand nombre de pp. des impressions suggérées par la composition du roman, les incidents politiques de la période boulangiste, des événements personnels, etc.

23. CHINCHOLLE (Charles), littérateur, rédacteur au *Figaro*, ancien secrétaire d'A. Dumas père, auteur des *Mémoires de Paris*, des *Pensées de tout le monde, etc.*

> *La grande Prêtresse*, roman. Manuscrit autographe de 447 pp. in-8, cart. toile (*Pierson*).
>
> Sur la première feuille : « Aujourd'hui 21 octobre 1886, je reçois de mon excellent ami Paul Eudel le présent papier sur lequel je vais écrire un roman moderne, parisien, fantastique, quoique scientifique, dont l'idée m'a été donnée par les récents travaux sur le magnétisme, la suggestion, etc.... Mes brouillons étant immédiatement copiés par une main étrangère le présent manuscrit que je fais pour mon ami Paul Eudel est unique. » Lettre de Paul Eudel jointe.

24. DELACROIX (F.-Victor-Eugène), célèbre peintre.

145 LETTRES AUTOGRAPHES SIGNÉES.

Précieuse correspondance adressée à son ami Pierret, de 1817 à 1864, comprenant les originaux de toutes les lettres à Pierret publiées par Burty (Sauf une, datée du 2 avril 1843, qui est une copie manuscrite).

Ces dernières sont parmi les plus importantes du recueil de Burty. On y remarque en effet : les lettres de jeunesse de l'artiste, très curieuses par l'enthousiasme qui les anime et l'intérêt général du sujet ; les lettres écrites pendant le séjour de Delacroix en Angleterre et au Maroc, voyages qui eurent une si grande influence sur le talent du Maître.

2 l. de Tanger portent quelques croquis à la plume. Parmi les 51 lettres publiées dans la *Correspondance*, 16 ne l'ont pas été intégralement, à quelques-unes même l'éditeur à fait d'importantes suppresssions.

Les 94 lettres non publiées par Burty sont adressées pour la plupart à Pierret ou à Mme Pierret, 1 est adressée à Champfleury. Dans cette dernière (2 pp. in-8), l'artiste s'excuse de n'avoir pu réunir plus tôt ses lithographies d'*Hamlet*, qu'il avait réléguées depuis longtemps et oubliées dans un carton. Ses travaux ne lui laissant pas le temps de lire les journaux, il regrette d'ignorer les articles que Champfleury lui a consacrés et demande au critique de lui indiquer le moyen de les retrouver.

Le dossier contient, en outre, les 16 pièces suivantes :

1 facture de *A la palette de Rubens* au nom de M. Delacroix, 1823.

2 factures de Haro, 1826.

1 acte notarié portant la signature de l'artiste.

3 croquis originaux de Delacroix, caricatures de Paul Foucher.

6 lettres autog. de Riesener, Henry Monnier, Emile Wattier, Troubat, Robaut.

3 notes de Champfleury.

25. DELORME (René) (Saint-Juirs). Manuscrit autographe, 35 pièces de vers : sonnets, romances, etc., en 1 vol. in-4, cart. toile. On a ajouté une lettre autog. en vers de Achille Taphanel (L'historien de Saint-Cyr), 2 pp. in-8.

26. DELORME (René) (Saint-Juirs). Le *Salon de 1887*. Importante étude. Manuscrit autog. de 94 ff. in-4, en feuilles dans un emboîtage.

27. DEPRÉ (Ernest), auteur dramatique. On a de lui : *La Course au baiser, le père naturel, Les petites vestales*, etc. Madame l'avocat, comédie en 3 actes. Manuscrit de 107 ff. in-4 en ff. dans un étui.

Comédie représentée au théâtre de l'Athénée, en 1897.

Nombreuses ratures et corrections.

28. DORÉ (Paul-Gustave), peintre et dessinateur, illustrateur des *Contes drolatiques*, de Rabelais, Dante, etc. 17 lettres et 6 cartes

autogr. sign., 1860-1879; en 1 vol. in-8,
cart.

Curieuse correspondance adressée à René Delorme,
auteur d'une importante étude sur Gustave Doré et de
nombreux ouvrages publiés sous le pseudonyme de
Saint-Juirs.

Juin 1876. — 3 pp. in-8, très intéressante lettre où il
remercie René Delorme d'un article élogieux. « Les
termes me manquent pour vous bien dire toute la
reconnaissance que j'éprouve pour les lignes si chaleu-
reuses que vous m'avez fait l'honneur de me consacrer,
je devrais dire : courageuses, car il y a vraiment une
initiative vaillante de votre part à prendre à mon
endroit un ton si opposé à celui de tant d'autres, et
cela m'est arrivé comme un beau rayon d'or dans la
nuit de mon découragement. Passez-moi cette hyper-
bole à la d'Harlincourt... toujours même concert aigre
et mauvais du côté de mes zoïles, toujours même
silence froid d'autre part. Enfin ne nous laissons pas
défaillir... Je trouve un grand soutien moral dans vos
généreuses paroles et le suffrage de quelques rares
honnêtes gens qui admettent encore que l'on tente de
grandes choses, etc.

Mars 1877. — 1 p. in-8. Il invite R. Delorme à venir
voir une statue que ses mouleurs viennent de termi-
ner. Il prie *l'homme qui lit* de dérober quelques
instants pour *l'homme qui voit*. Il serait heureux de
lui montrer son nouveau péché.

28 janvier (vers 1879) — Curieuse lettre, 3 pp. in-8.
J'ai reçu la visite de votre aimable éditeur qui m'a remis
un exemplaire de la Biographie (il s'agit de la mono-
graphie de Gustave Doré, par René Delorme). Ce n'est
pas sans que le rouge de la modestie me monte au

visage que j'ai relu les magnifiques pages que vous
m'avez consacrées. Aucune parole ne s'imagine de
plus haute, de plus digne et vaillante façon de me présenter à ceux que les choses de l'art intéressent....

Je voudrais bien vous re-remercier de vive voix. Je
suis aussi gauche qu'un porteur d'eau.., je ne puis
m'exprimer à peu près clairement qu'en déjeunant, etc.
Cette curieuse lettre est enrichie d'un CROQUIS ORIGI-
NAL de G. Doré, plume et aquarelle, représentant
l'artiste lisant sa biographie, tandis que « le rouge de
la modestie lui monte au visage. »

S. d. (vers 1879). Il fait part d'une longue exploration
dans l'extrême fin fond de toutes les Écosses. Voyage
superbe qui m'a rendu d'amples moissons pour des
centaines de paysages.

Juillet 1879. — 4 pp. in-8. Amusante lettre datée de
Londres. Doré y feint d'avoir oublié les mots français
et mêle d'une façon comique l'anglais et le français.

On a joint aux lettres 2 anecdotes transcrites par
René Delorme et 2 dessins au crayon, non signés,
relatifs à la mort de Gustave Doré.

29. DUVAL (Georges), auteur dramatique et littérateur; auteur des *Drames de l'histoire,
Les dragons de l'impératrice, Voyage autour du code, etc.*, traducteur des œuvres de
Shakespeare.
Le crime de Prosper, nouvelle. Manuscrit
de 11 ff. in-4, cart. demi-toile.

Nouvelle humoristique, probablement inédite.

30. GARNIER (Jules). Impressions de voyage au

Maroc. Algésiras et Tanger. Copie manuscrite, sign. autog., 10 pp. in-8, cart.

> Manuscrit accompagné de **8** DESSINS ORIGINAUX de
> Jules Garnier, plume, plumc et lavis, et crayon, dont
> 4 importantes compositions.

31. GYP. (Comtesse de Martel de Janville).
Monsieur Fred, nouvelle. Manuscrit autographe de 28 ff. in-folio, cart., dos et coins
de toile.

> Envoi d'auteur ajouté.

32. GYP. L'Age du Toc. 5e nouvelle : Chou-
blanc. 6e nouvelle : Tout ce qui reluit.... Manuscrit autographe de 105 ff. gr. in-4, en
feuilles, dans un emboîtage.

> Manuscrit original de deux nouvelles inédites de
> *L'age du Toc*. Avec cette mention de la main de l'au-
> teur. Hélas! Monsieur, je n'ai que ces deux manuscrits
> que j'ai repris parce qu'on voulait y faire des cou-
> pures!.. Les autres — les parus, — on ne me les
> rend pas.... G.

33. GYP. L'Ange gardien, conte. Manuscrit
autographe de 45 ff. pet. in-folio, cart. dos
et coins de toile (*Pouillet*).

> Conte publié par le *Gaulois* en 1890.
> Lettre de l'auteur et 2 cartes d'invitation ajoutées.

34. HOUSSAYE (Henry). Le général Du Barail.

Manuscrit autographe, 11 pp. in-8, cart. vélin.

> Présentation des titres à l'Académie française du général Du Barail qui briguait le fauteuil du Duc d'Aumale.

> Manuscrit inédit lu par Henry Houssaye, à l'Académie, en séance secrète au mois de mai 1898. L'auteur de 1814 y fait l'éloge du Général, soldat et écrivain « Ses *Souvenirs* resteront, à côté du livre de Marbot, au premier rang des mémoires militaires. »

> Le Manuscrit est précédé d'une lettre d'envoi, autog. sign., adressée à Paul Eudel. « ... Je dois avouer qu'elles (ces pages) ne décidèrent pas la victoire de mon cher candidat. Le général fut battu, au troisième tour de scrutin par 16 voix contre 12. La droite, menée par le duc de Broglie, vota comme un seul homme contre lui. »

35. JOURDAIN (Frantz), auteur de l'*Atelier Chantorel, Les décorés, etc*. Les ouvriers du Bâtiment. Manuscrit de 22 ff. in-8, cart. demi-toile.

> Manuscrit autographe et copie dactylographique du manuscrit et 3 lettres autogr. de l'auteur ajoutées. Ex libris Paul Eudel.

36. JOURDAIN (Frantz). *Une arrestation*, nouvelle. Copie manuscrite, 9 pp. pet. in-fol., cart. demi-toile (*Pouillet*).

> Manuscrit accompagné de 4 dessins originaux à la plume et d'une importante composition orig., plume et crayon, par L. P.-Du Paty.

2

37. KARR (Paul-Alphonse). Manuscrit autographe de *L'Affaire Boulanger* et *Le Centenaire* (1789), publiés dans *Les Bêtes à Bon
Dieu*, 1889, 32 pp. in-8 oblong, cart. vélin.

38. KARR (Alphonse), l'auteur de *Sous les Til-
leuls*, *Les Guêpes*, *etc.* Manuscrit autog. de
8 pp. in-4 oblong, cart.

> Plaidoyer contre Duvert, Lauzanne et Saintine, qu'il
> accuse d'avoir emprunté à son roman *Feu Bressier* le
> scénario du vaudeville *Riche d'amour*, joué en 1845.
> Après un préambule de 3 p., Alphonse Karr, pour
> convaincre les vaudevillistes de plagiat, met en regard
> le texte de la pièce et celui du roman.

39. LANJUINAIS (Victor-Ambroise, vicomte),
ministre et député de Nantes (1803-1869).
12 lettres autog. sign. en 1 vol. gr. in-8,
demi-rel.

> Lettres relatives à l'affaire de la Compagnie transa-
> tlantique (1868), à un procès de billets de complai-
> sance, etc. On y a joint la lettre de faire part du dé-
> cès de M. Lanjuinais et 1 l. a. s. du Vte Lanjuinais,
> neveu de l'ancien ministre.

40. LEGROS (Alexandre). Lettres et manuscrits divers (1852-1894), 47 pièces dans un
emboîtage.

> Spirituelles pièces en vers, monologues (un dit par
> Galipaux), parodies des *Névroses* de Rollinat, etc.

41. MARX (Roger), littérateur et critique d'art. *Les Jouets*, manuscrit autog. signé. 1884, 2 pp. pet. in-folio, cart. demi-toile (*Pouillet*).

Le manuscrit est accompagné : 1° De sa copie dactylographique ; 2° d'une eau-forte de A. Besnard, en double épreuve, dont une portant le *bon à tirer* et la signature autog. de l'artiste ; 3° de 7 lettres diverses, dont 5 de Roger Marx.

42. MERSON (Luc-Olivier), peintre et illustrateur, auteur des illustrations de *Notre-Dame de Paris*, des *Trophées* de Hérédia, des *Nuits* de Musset, etc.

14 lettres autogr. sign. 1870-1889, dont 9 lettres de jeunesse écrites pendant le séjour de Luc-Olivier Merson à la Villa Médicis. L'artiste y parle de ses travaux.

S. d. (1884) 2 pp. in-12.

Il refuse la commande d'un portrait. Si jamais j'expose un portrait je veux qu'il soit absolument réussi. Eh bien je ne me sens pas de force à lutter avec les artistes de nos jours passés maîtres en ce genre.

S. d., demi-p. in-12.

Il remercie d'une invitation qu'il accepte. Cette lettre est enrichie d'un croquis original à la plume, elle est accompagnée de deux épreuves reproduisant exactement l'original, texte et dessin, gr. sur bois par Michelet et tirées sur papier de Chine.

7 lettres de faire part ajoutées.

43. PHILIDOR. Pièces choisies à deux et à

trois. Tant de M. Lully, que de M. de la Lande, et des plus célèbres musiciens de France pour les concerts particuliers de Violon, Flûtes, Hautbois et Basson. Recueillis par le sieur Philidor l'aîné, ordinaire de la musique de la Chambre et de la Chapelle du Roy. Et l'un des gardiens des livres de musique de la bibliothèque de Sa Majesté. L'An 1695. Manuscrit oblong de 0.30 sur 0.14 : de 8 ff. préliminaires et de 220 pages de musique notée, maroq. rouge, dent., au milieu, une couronne de fleurs et feuillage entoure les armes, dos orné, dent. intér., tr. dor. (*Rel. anc.*).

Aux armes de S. A. Electorale Mgr le Duc de Bavière.

Précieux manuscrit formant une anthologie des meilleurs airs de Lully, La Lande, Philidor, etc. Transcrit par Philidor avec l'agrément du Roi pour être offert au Duc de Bavière. Pour faire ressortir l'importance de ce manuscrit au point de vue musical il nous faut citer la dédicace de Philidor à S. A. E. le Duc de Bavière.

« De tous les beaux Arts qui trouvent un favorable azile dans votre illustre Cour, la Musique semble y avoir le principal avantage par l'estime que Votre Altesse Electorale en fait, et par le soin qu'elle prend elle mesme de contribuer à sa perfection. Elle ne croit point descendre de sa grandeur de se délasser de ses pénibles travaux par de doux Concerts, et je m'estimerois heureux Monseigneur si ce que je prends la liberté de luy présenter, avec l'agrement du Roy mon Maître, pouvoit occuper quelques-uns de ses loisirs. C'est un Recueil des plus beaux morceaux de Simphonie composez par nos plus célèbres Autheurs que j'ay assemblé selon l'ordre des tons, et parmy lesquels il y a plusieurs Trios, et pièces à deux de nos airs tendres pour la Flûte, tant pour la Chapelle, que pour la Chambre, avec plusieurs pièces pour les concerts de Basson, comme aussi d'autres pour le Hautbois, avec quelques Marches Etrangères, et Françoises J'y ay adjouté encore les Ritournelles des airs Italiens telles qu'elles se jouent devant sa Majesté et quelques-uns de nos menuets, Passepieds, et autres airs pour le Bal. Je ne doute point Monseigneur, qu'il ne se trouve dans ce Recueil plusieurs pièces qui ont esté renduës publiques ou par les coppies, ou par l'impression ; mais comme il y a fallu adjouter des second-dessus, ou d'autres parties, auxquelles j'ai travaillé pour les faire entrer dans les Concerts séparez de Flûtes, de Hautbois et du Basson, peut-être que Votre Altesse Electorale y remarquera quelques nouveautez qui ne luy déplairont pas. C'est ce que je souhaite avec un très profond respect Monseigneur De Votre Altesse Electorale. Le très humble et très obéissant Serviteur Philidor l'aisné.

44. Pichon (Baron Jérôme), érudit et collectionneur, président de la Société des Bibliophiles François (1812-1   ). 178 lettres autog. datées de 1875 à 1885, adressées à Paul Eudel, rel. en 2 vol. in-8, maroq. rouge à long grain, filets, dos orné, dent. int. (*Pouillet*).

Importante et très intéressante correspondance embrassant une période de 10 années. Elle est entièrement consacrée à l'orfèvrerie ancienne. A propos d'achat, de vente ou d'échange de pièces d'orfèvrerie le célèbre collectionneur y déploie toute son érudition d'antiquaire et donne de nombreux renseignements sur les orfèvres anciens, leurs poinçons, la valeur et le degré de rareté de leurs œuvres, etc. On y remarque les lettres relatives à la célèbre *coupe de Charles VI* et au procès intenté par le duc de Frias au sujet de la vente de ce chef-d'œuvre d'orfèvrerie.

On a ajouté à la suite l'inventaire de la succession de François de Tollenave (xviiie siècle), et le manuscrit de l'article de Paul Eudel sur la Coupe de Charles VI.

45. PILLE (Henri), illustrateur des œuvres de Le Sage, Scarron, Hugo, Musset, etc.

Tribulations du paysagiste, nouvelle. Manuscrit autographe, 6 pp. in-4, accompagné de 8 importantes compositions originales à la plume, cart. demi-toile.

46. PRÉVOST-PARADOL (Lucien-Anatole). Publiciste et écrivain, auteur de *La France nouvelle, Etudes sur les moralistes français*, etc. (1829-1870). 17 lettres autogr. signées, rel. en 1 vol. in-4, demi-rel.

Correspondance relative à la candidature de Prévost-Paradol aux élections législatives à Nantes, en 1869. Outre ces 17 lettres, le dossier renferme : 1 l. a. s. de Jules Favre à Prévost-Paradol ; 2 l. a. s. de Paul Eudel ; 8 lettres diverses ; un bulletin de vote au nom du candidat et diverses coupures de journaux. On y joindra

La France Nouvelle, par Prévost-Paradol. *Paris, Michel Lévy*, 1868, in-12, demi-rel. Envoi de l'auteur à Paul Eudel.

47. SARDOU (Victorien). La Famille Benoiton, comédie en 5 actes. Manuscrit autographe de 125 ff. in-4, maroq. vert, filets, dos orné, doublé de maroq. rouge, large dent. int., doubles-gardes, tr. dorées (*Chambolle-Duru*).

Aux armes de Paul Eudel. Très intéressant manuscrit autog. du texte primitif, mais cependant presque complet, des 5 actes de la célèbre comédie de Sardou. Il est chargé de ratures et de corrections. L'auteur, sur des ff. placés en tête de chaque acte a noté la progression de l'action dramatique, les jeux de scène et les dialogues à introduire ou à modifier, etc.

48. SCHŒLCHER (Victor), publiciste et homme politique, sénateur, auteur de plusieurs ouvrages contre l'esclavage. 18 lettres autog. sign. en 1 vol. in-8, demi-rel.

Très intéressante correspondance politique. Lettres datées de 1871 à 1875, parmi lesquelles :

L. a. s., 14 septembre 1871, 3 pp. in-12.

Il a voté le congé de l'Assemblée nationale jusqu'au 4 décembre, pour que le pays s'accoutumant à son absence fût disposé à la renvoyer plus facilement. Il est honteux d'une Assemblée dont la tenue est si désordonnée et si pleine de vulgarité et de grossièreté qu'elle devient un scandale, etc.

L. a. s., 1871, relative aux élections législatives,
4 pp. in-12.

Il est peut-être spirituel d'avoir parlé d'un gouver-
nement républicain pour républicains, mais c'est fort
peu digne. Nous savons que la loi électorale est mauvaise, qu'elle fait étouffer les villes par les campagnes
et qu'il faudrait voter par arrondissements, etc.

L. a. s., janvier 1872, 4 pp. in-12.

Il remercie Paul Eudel d'avoir appelé son attention
sur les mémoires de Samson pour appuyer sa proposition de suppression de la peine de mort. Il avait déjà
fait cette proposition à l'Assemblée, elle était très dis-
cutée au moment où l'affreuse bande des décem-
briseurs a replongé la France dans la barbarie.

L. a. s., février 1872, 2 pp. in-12.

Il a trouvé Louis Blanc prêt à se rendre à l'invitation du Comité républicain pour la conférence au
profit des Femmes de France.

L. a. s., 1872, 4 pp. in-12.

Il est reconnaissant à Thiers d'avoir sauvé la république. Il conseille aux Assemblées de province d'en-
voyer une adresse au Président pour lui demander la
dissolution des Chambres.

Curieux documents pour l'histoire des origines de
la 3ᵉ République.

49. « TÊTES DE BOIS » (Les). Correspondance,
cartes d'invitation, programmes et documents divers, relatifs au Dîner et au Livre
des « Têtes de Bois ». 64 pages dans un emboîtage.

MANUSCRIT AUTOGRAPHE de la préface de Saint-Juirs

(René Delorme), pour *Le Livre des Têtes de bois*, 10 pp. in-8.

Cartes d'invitation, dont 17 avec quelques lignes autog. de Jean Dolent. Programmes illustrés, etc.

50. Vrille (La). Lettres et documents relatifs à la Société artistique *La Vrille*, et à la publication du livre de La Vrille. 2 dossiers dont un cart. toile, l'autre dans un étui.

La Vrille, fondée en 1879, comprenait environ 40 membres, choisis parmi les principaux artistes et critiques d'art. Ceux-ci avaient formé le projet de publier un recueil de nouvelles et de poésies exclusivement écrites et illustrées par les sociétaires.

Le premier dossier se compose de 135 pièces comprenant toute la correspondance relative à cette publication, diverses lettres de faire part parmi lesquelles celles du décès de MM. Jules Garnier et Auguste Flameng, cartes d'invitation du dîner de La Vrille, dont 2 ill. et gravées à l'eau-forte, etc. Citons parmi les lettres autographes :

Félicien Rops, curieuse l. a. s., 1 p. in-8.

La Vrille n'existant plus de fait il ne veut pas aider, sur le cadavre d'icelle, à l'extraction d'un livre genito-posthume qui a déjà un an de forceps. Il prie de communiquer sa décision à la commission d'accouchement.

Uzanne (Octave), 10 lettres. — Besnard (A.), 1 l. — Champollion, 1 l. — Bréville (le dessinateur Job), 1 l. — Cazin, 2 l. — Chéret, 2 l. — Dubufe fils, 9 l. — Flameng (Aug.)., 6 l. — Franz-Jourdain, 9 l. — Grandjean, 14 l. — Moreau (Adrien), 4 l. — Regamey, 2 l. — Roll, 1 l. — Toudouze (G.), 5 l. — Yon (Ed.), 1 l., etc.

Le second dossier se compose :

1° Des 14 dessins originaux suivants :

Moreau (Adrien), 3 compositions, plume, lavis et gouache.

Flameng (Aug.), 1 comp., plume, aq. et lavis.

Montenard, 3 comp., plume.

Grandjean (E.), 3 comp., plume.

Barillot (L.), 1 comp., plume et lavis.

Dubufe fils, 1 comp., crayon.

Déverin (H.), 1 comp., plume.

1 dessin (étude d'éléphant), non sign.

2° Des 4 manuscrits autographes suivants :

Haraucourt (Edmond), 1 sonnet : *Les Anges.*

Roger-Ballu, une préface, 15 pp. in-8.

Eudel (Paul), une fable en vers, 2 pp. in-8.

David (Adolphe), une page de musique.

3° 24 pièces diverses : 2 eaux-fortes orig. de A. Besnard en double épr.; 2 port. de Paul Eudel, gr. par Descaves et Desmoulins, sur Japon; 1 composition de Jambon, gr. sur bois par Prunaire, sur Chine, 2 épr. de la couverture ill. par Chéret; une copie manuscrite d'une nouvelle de Roger-Ballu : *L'Art méconnu*, 8 pp. in-8; 3 copies dactylographiques de *Le crime de Prosper*, par G. Duval, 9 pp. in-4, *Tribulations du paysagiste*, par H. Pille 4 pp. in-4, *Un coup de vent à l'île de la Réunion*, par Paul Eudel, 11 pp. in-4; cartes d'invitation au dîner de la Vrille, etc.

LIVRES ANCIENS

ALMANACHS ILLUSTRÉS
DU XVIIIe SIÈCLE

51. **ALMANACH DE LA TOILETTE** et de
la coëffure des dames françoises, suivie d'une
dissertation sur celle des dames romaines,
souvenir à l'Angloise. *Paris, Desnos*, s. d.
(1777), in-24, 2 front. et 24 fig. de modes,
mar. rouge, fil., dos orné, dent. intér., tr.
dor. (*Rel. anc.*).

> Ce bel almanach se compose de 30 pages de texte
> y compris le titre, d'un frontispice représentant une
> femme sortant d'un bain, et d'une estampe documen-
> taire quatre femmes, dont trois avec les coiffures des
> règnes précédents. 24 figures gravées avec soin, femme
> en buste avec coiffures, toutes dans un médaillon
> ovale à cadre et de 23 ff. blancs avec cadres gravés,
> suivis de 20 ff. de papier blanc.

52. **ALMANACH.** L'Ami des femmes, ou le
vrai modèle de la galanterie, contenant : Un
Eloge, en vers, du Beau Sexe ; Une apologie

de la Toilette, par Madame de Bourdic ; Des Réflexions sur le luxe et sur les mœurs des femmes ; Une épître à une femme, par Collé ; Etrennes charmantes aux jolies femmes, petit secrétaire à leur usage. *Paris, Desnos,* 1786, in-24, frontispice et 12 fig., d'après Desrais, Leclère, maroq. roug., fil., dos orné, dent. intér,, tr. dor. (*Rel. anc.*).

Ce charmant almanach est orné d'un frontispice et de 12 planches de modes. Dans un avertissement l'éditeur dit « C'est un ami tendre qui prend la liberté de risquer quelques avis qui tournent tous à l'avantage des Dames et dont l'observation ne peut que préparer leur bonheur, en faisant celui de leurs époux. La mode qui subjuguera éternellement les femmes, ainsi employé, tournant tout entière au profit des agréments de l'esprit et du corps, embellit à la fois l'un et l'autre. »

Ces figures sont accompagnées de chansons gravées dans le genre de ce couplet.

Le Caraco à la mode.

Simple et touchant comme nos mœurs
Cet habit est votre parure ;
Et le chapeau des moissonneurs
Convient assez à la nature
En corset blanc, en jupon court.
On court plus vite après l'amour.

53. ALMANACH. L'Année galante ou les caprices de la raison. Etrennes séduisantes, récréatives et chantantes. Enrichie de fig. avec Tablettes, Perte et Gain. *Paris, Desnos,*

1788, in-24, frontispice, 12 fig. mar. rouge,
dos orné, dent. intér., tr. dor. (*Rel. anc.*).

Joli almanach orné d'un frontispice : Le Temps
soutenant sur ses épaules l'horloge de l'année, avec
personnages et ornements allégoriques. Les 12 ravis-
santes estampes, sujets de la vie, chacune ayant en
haut un médaillon formant dessus de porte, le portrait du Dieu ou de la Déesse qui caractérise le mois,
quelquefois sous les traits de personnages vivants.
C'est ainsi qu'on y voit Louis XVI, Marie-Antoinette,
le Comte d'Artois, la Comtesse de Provence. Les
sujets des figures sont des plus intéressants. La Foire
St-Germain. L'Assemblée à Longchamps. Cabriolet
renversé sur le grand boulevard. Le Rendez-vous du
Colisée. Le Sallon (sic) des tableaux du Louvre, etc.

54. ALMANACH. L'Apologie de la Tendresse
   ou le pouvoir de l'Amitié. *Paris, Janet* (vers
   1789), in-24, titre grav. et 12 fig. non signées coloriées, mar. roug., dent. au milieu
   des deux plats, 2 jolies peintures serties d'un
   cadre d'acier représentant la Tendresse et
   l'Amitié, doublure et pochette de tabis bleu,
   et glace bordée d'un galon brodé, dos orné,
   tr. dor. Etui de mar. rouge, dent., dos orné
   (*Rel. anc.*).

La reliure est ornée de deux peintures assez fines.
Les jolies figures coloriées, accompagnent le texte entièrement gravé.

On y a joint un cahier de 12 ff. de chansons patriotiques imprimées, comme *La France rendue libre*.

> Vive la République,
> Mère de la liberté
> Dont jusqu'en Amérique
> Naîtra la félicité
> Bientôt l'Asie et l'Afrique
> Voudront imiter Paris
> Et tout mortel despotique
> N'inspirera que mépris.

ou *Les citoyennes laborieuses*

> Au brave Sans-Culotte
> Déjà d'une capote
> J'ai fait l'envoi
> Ces deux gilets de futaine
> Lui suffiront sans peine
> Contre le froid.

55. ALMANACH. L'Esprit du Siècle ou les prestiges de l'imagination. *Paris, Jubert,* 1790, in-24. Titre et 12 grav. de Dorgez coloriées. — Les Collifichets lirico-galants ou la folie amoureuse d'un peintre. *Paris, Jubert,* 1790. Titre et 12 grav. de Dorgez, coloriés. — Ens. 2 almanachs en 1 vol. in-24, mar. vert, fil., dos orné, tr. dor. (*Rel. anc.*).

Ces deux ravissants almanachs sont ornés de fig. de Dorgez, coloriées.

Le premier est composé de chansons avec musique, où l'esprit complète le charme des gravures.

> Imitez dans votre ménage.
> L'objet de mes tendres amours
> Lui dit d'un ton glacé par l'âge
> L'auteur soi disant de ses jours.

> Eglé peut-elle être indocile
> A ce conseil satisfaisant,
> Puisqu'on met au nombre de mille,
> Tous les amis de sa maman.

Le second est aussi joli contient le calendrier pour 1790. La dernière figure : Envoi à MM. les aéronautes (Tandis que, sur la terre, de jeunes seigneurs serrent de près les femmes qu'ils courtisent, dans les airs, un ballon prend feu et les personnages qui le montaient sont précipités à terre), cette planche est accompagnée des vers suivants :

> En dépit du Dieu du Tonnerre.
> Volez, escaladez les cieux.
> Pour moi je me ris sur la terre.
> De vos projets audacieux
> Humains que la science égare
> Dans les vastes plaines des airs
> Craignez, craignez le sort d'Icare
> En voulant braver les éclairs

> Dans tes bras, aimable Silvie
> J'aime mieux goûter d'heureux jours.
> Que d'aller exposer ma vie
> M'arrachant des bras des amours
> A quoi bon tenter la fortune
> Par des chimériques travaux?
> Un simple baiser de ma brune
> Vaut mieux que cent Ballons nouveaux

56. — ALMANACH LES FEMMES ou Mesdames voilà vos étrennes. *Paris, Janet,* an XIV, in-24, titre grav. et 12 fig., mar. rouge, dent. au milieu du plat recto un portrait gouaché et sur le plat verso un trophée composé d'une lyre, d'un livre et d'une couronne, ces charmantes gouaches de forme ovale sont sertis d'un petit cadre d'or, tr. dor. (*Rel. anc.*).

Les gouaches de cet almanach sont fines, le portrait est celui de Madame Récamier.

Les jolies figures illustrent des chansons dont le texte est gravé.

57. ALMANACH des Françoises célèbres par leurs vertus, leurs talens ou leur beauté. *Paris, Lejay*, 1790, in-12, titre et front. grav., demi-rel., chag. rouge, chiffre dor. au dos, non rogn. (*Lemardeley*).

Outre le titre et le frontispice on a ajouté une grav. des Révolutions de Paris, représentant les femmes d'artistes qui viennent déposer leurs bijoux sur l'autel de la Patrie.

L'ouvrage se termine par la liste des Dames et Demoiselles qui ont fait le don patriotique de leurs bijoux.

La Reliure porte au dos le chiffre du Baron Pichon.

58. ALMANACH iconologique. Année 1774. Deuxième partie des sciences. Dixième suite par M. Cochin. *Paris, Lattré*, 1774, in-12, titre, 11 pl. Almanach et texte grav., mar. rouge, fil., dos orné, dent. intér., tr. dor. (*Rel. anc.*).

Manque la première fig. La Théologie chrétienne.

59. ALMANACH iconologique. Année 1776. Les
vertus et les vices, douzième suite, par M.
Cochin. *Paris, Lattré,* 1776, in-24, titre,
12 pl. Almanach et 12 ff. d'explication, grav.
mar. rouge, fil., dos orné, dent. intér., tr.
dor. (*Rel. anc.*).

60. ALMANACH. Les Jeux de Polymnie et
d'Erato. *Paris, Janet,* 1796, in-24. Titre
gravé, 6 fig. grav. et coloriées, mar. rouge,
dent. au milieu des plats, 2 peintures serties
d'un cadre d'acier, représentant une jeune
fille, un livre à la main à côté d'une stèle sur-
montée d'une urne, l'autre sujet représente
le *Petit dénicheur* d'après Fragonard, doublure et pochette de tabis bleu, glace bordée
de galon brodé, tr. dor. Etui de mar. rouge,
large dent. et milieu dor., dos orné.

    Le très joli titre et les 6 figures dess. par Berthet sont
coloriées. Le texte entièrement gravé, est un recueil
de chansons légères et politiques. Cet exemplaire contient en plus 10 feuillets d'ariettes imprimés, mais ne
contient pas les tablettes économiques.

61. ALMANACH. La Lanterne magique, suivie du Petit chansonnier françois. Elite de
chansons, romances, vaudevilles. *Paris,
Desnos,* 1787, in-24, 12 fig., mar. rouge, fil.,
dos orné, tr. dor. (*Rel. anc.*).

    Les 12 figures sont très intéressantes pour les modes

et usages de l'époque. Quoique non signées elles paraissent être de Quevendo.

62. ALMANACH. Le Microscope des visionnaires ou hochet des incrédules. Almanach orné de jolies gravures. *Paris, Jubert*, 1789. in-24, titre grav. et 12 fig. musique grav., maroq. roug., fil., dos orné, tr. dor. (*Rel. anc.*).

Les estampes de cet almanach qui appartiennent aux plus jolies pièces de l'époque sont attribuées à Binet, elles représentent des sujets assez libres. Les costumes sont de 1788.

63. ALMANACH. Les Petits soupers de Vénus, ou amusemens du Bel âge. Chansonnier françois. *Paris, Desnos*, s. d. (1786), in-24, 12 fig. maroq. rouge, fil., dos orné, tr. dor. (*Rel. anc.*).

Ce ravissant almanach se compose d'un front. colorié, titre impr., 4 ff. de musique grav. Le texte commence à la page 4 et finit à la page 96. Ensuite une table grav. portant le titre suivant et la description des planches. « Recueil des estampes contenues dans ce petit volume, frontispice, fig. 1. Les Aveux mutuels. 2 La Toilette de la mariée. 3 Le Coucher de la mariée. 4 Le Lever de la mariée. 5 Les charmes de l'amour. 6 Le repos interrompu. 7 Les charmes de la liberté. 8 La femme mal gardée. 9 Les charmes du ménage. 10 Les amours nocturnes. 11 La liberté perdue. Ces 11 jolies fig. sont accompagnées de 17 ff.

de texte grav. et 43 pages y compris 1 f. bl. pour le
secrétaire des dames. Perte et gain, etc.

Cet almanach, un des plus jolis de chez Desnos, n'est
n'est pas décrit par Grand Carteret ni par M. le Vicomte Savigny de Moncorps.

64. ALMANACH ROYAL, année 1769. *Paris, Le
Breton, 1769*, in-24, mar. rouge, fil., dos
orné, dent. intér., tr. dor. (*Rel. anc.*).

65. ALMANACH royal, année commune 1789,
mis en ordre et publié par Debure. Gendre
de feu M. d'Houry. *Paris, D'Houry*, 1789,
demi-rel. veau. — Almanach impérial, pour
l'année 1810. *Paris, Testu*, 1810, in-8, veau,
2 vol. (*Rel. anc.*).

66. ALMANACH. Le Triomphe du Beau
Sexe ou l'honneur des Dames vengé. Petit
secrétaire à leur usage avec tablettes économiques, perte et gain. *Paris, Desnos*, 1784,
in-24, front., titre et texte grav. et 10 fig.,
mar. rouge, fil., dos orné, dent. intér., tr.
dor. (*Rel. anc.*).

Sur le frontispice se trouve ce second titre.

*Adélaïde ou l'innocence reconnue, enrichie de fi-
gures gravées en taille-douce.*

Cet almanach reproduit, en effet, les scènes de la
Pantomime représentée le 26 juillet 1780 sur la scène
du Théâtre des élèves de l'Opéra, puis en Juin 1781
sur le Théâtre des Grands Danseurs du Roi sous le

titre de *Sophie de Brabant*. Les 9 compositions non
signées, avec tablettes grises reproduisent les principaux sujets de la pantomime, plus une vue de la façade
du Théâtre. Toutes ces planches ont été coloriées à
l'époque.

67. ALMANACH de Versailles. Année 1775. Contenant une description de cette ville, la maison
du Roi, les officiers, les Maisons de la famille
Royale, les Bureaux des Ministres, Gouver-
nement de la ville, une notice des principaux
marchands et négocians. *Versailles*, 1775,
in-12. Plan de Versailles et carte des envi-
rons, mar. roug., fil., dos ornés, gardes de
tabis bleu, dent. intér., tr. dor. (*Rel. anc.*).

Aux armes de Louis XVI roi de France.
Très bel exemplaire.

68 BELOT (Jean). Œuvres. Contenant : La chiromancie, Physionomie, L'Art de Mémoire,
de Raymond Lulle, Traité des divinations,
augures, songes. Les Sciences stéganogra-
phiques, etc. *Lyon, Claude La Rivière*, 1649,
in-8, fig., vélin.

69. BOULLAY (Jacques). Manière de bien culti-
ver la vigne, de faire la vendange et le vin,
dans le vignoble d'Orléans. *Orléans, Rous-
seau*, 1723, in-8, veau brun (*Rel. anc.*).

70. BIBLIA SACRA (in fine). *Finit p. Johannem Froben de Hamelburgk civé Basilien Anno dni.* M.CCCCXCV *(1495)*, in-8, veau brun, dos orné (*Rel. anc.*).

71. CHAULIEU. Œuvres, d'après les manuscrits de l'auteur. *La Haye, Gosse*, 1777, 2 vol. in-18, portr. maroq. rouge, fil., dos ornés, tr. dor. (*Rel. anc.*).

72. COCLES. La Physionomie naturelle, et la Chiromancie de Barthélemy Cocles, de Boulogne, Docteur en médecine. *Rouen, Besongne*, 1700, in-12, nombr. fig. sur bois, veau (*Rel. anc.*).

On y joindra : Les Sympathies ou l'art de juger par les Traits du visage. Des convenances en amour et en amitié par Mme de G. Avec 32 planches coloriées représentant des figures. *Paris, Saintin,* 1817, in-18, demi-rel.

73. CONSTITUTION (La) française, décrétée par l'Assemblée nationale constituante aux années, 1789, 1790 et 1791 ; acceptée par le Roi le 14 septembre 1791. *Paris, Garnery*, 1791, in-64, mar. vert., fil., dos orné, dent., int., tr. dor. (*Rel. anc.*).

Dorée sur le plat recto de la reliure, l'inscription suivante : Constitution de 1791, et sur le plat verso : Assemblée constituante. Sur le premier ff. de garde un ex libris de forme ronde, de l'Ambassade de la République française près la cour de Vienne.

74. DUBOS (Constant). Les Fleurs. Idylles suivies de poésies diverses. *Paris, Janet*, 1817, 9 pl. de fleurs coloriées, veau fauve, compart. et fil. dor., dent. et milieu à froid, dos orné, dent. int., tr. dor. (*Rel. romantique*).

75. ETRENNES GÉOGRAPHIQUES. Année 1761. Royaume de France divisé par Généralités subdivisé par Élections, Divers bailliages, etc. par A. Ducaille. *Paris, Ballard*, 1761, in-18, front. de Poussin. Titre dess. et grav. par Choffart, mar. vert., fil., dos orné, tr. dor. (*Rel. anc.*).

76. ETRENNES NANTAISES ecclésiastiques, civiles et nautiques pour l'année commune 1793. Calculées pour le méridien de Nantes. *Nantes, Despilly. Première année de la République française*, in-24, mar. roug., dent., dos orné, garde de pap. dor. (*Rel. anc.*).

> Au centre des deux plats de la reliure, un fer dor. représentant la Prise de la Bastille. La reliure est un peu fatiguée.

77. KUYPER. Tableaux des habillemens, mœurs et coutumes dans les provinces septentrionales du Royaume des Pays-Bas, au commen-

ment du xix⁰ siècle. *Amsterdam*, 1823, in-4,
pl. de costumes en couleur, cart.

> 1 frontispice et 4 belles planches de costumes dess.
> par Kuyper grav. par Portmann, impr. en couleurs et
> coloriées.

78. LA BRUYÈRE (De). Les Caractères de Théo-
phraste, avec les caractères, ou les mœurs
de ce siècle. *Londres (Paris, Cazin)*, 1784,
3 vol. in-18, portr. grav. par Delvaux, mar.
rouge, fil., dos ornés, dent. int., tr. dor. (*Rel.
anc.*).

79. LETTRES et épitres amoureuses d'Héloïse et
d'Abeilard. *Genève (Cazin)*, 1777, 2 vol.
in-24, portr. maroq. roug., fil. dos ornés,
dent. int., tr. dor. (*Rel. anc.*).

80. MALO (Charles). Histoire des Roses, ornée
de 12 planches, en couleur dessinées par P.
Bessa. *Paris, L. Janet, s. d.*, in-18. Titre
gr. et 12 pl. coloriées, veau, fil. d'or. et fers
à froid, dos orné, dent. int., tr. dor. (*Rel.
romantique*).

81. MIROIR DES GRACES. Dédié aux Dames ou
Dictionnaire de Parure et de Toilette; par
C. Mazeret et A. M. Perrot. *Paris, Lefuel,*

s. d. (Vers 1813), in-18, 1 titre grav. et 11 pl.,
cart., tr. dor. Etui.

> Dictionnaire de la parure de la femme orné de 11 pl.
> de bijoux, sacs à main, jarretières, bourses, rubans, etc.

82. MOREL DE VINDÉ. Zélomir. *De l'impr. Didot.
Paris, Bleuet*, 1801, in-18, 6 fig. de Lefèvre
grav. par Godefroy, mar. roug., pet. dent.,
dos orné, dent. int., tr. dor. (*Rel. anc.*).

83. PRÉCHAC. La Duchesse de Milan. Dédiée à
Mademoiselle de Nantes. *Lyon, Th. Amaury*,
1682, in-12, veau brun, dos orné (*Rel. anc.*).

> Histoire des amours inspirés par la duchesse de
> Milan.

84. SOLIS. Histoire de la Conquête du Mexique
ou de la Nouvelle Espagne, par Fernand Cor-
tez, trad. de l'espagnol de Dom Ant. de Solis. *Paris*, 1774, 2 vol. in-12, fig., veau (*Rel.
anc.*).

85. STAMBOUL. Souvenir d'orient, par Préziosi.
Paris, impr. Lemercier, s. d., in-fol. Titre
et 28 pl. lithog. en couleur, cart. toile.

86. SIMPLON (Le). Promenade pittoresque de
Genève à Milan. *Paris, Janet, s. d.* (1820),
titre gravé avec vignette, 12 pl. de vues grav.
et coloriées, cuir de Russie, fil. dor., ornements

à froid couvrant entièrement les plats, dos orné, dent. int., tr. dor. (*Rel. romantique*). .

87. THOMPSON. Les Saisons, poème traduit de l'anglais. S. l. n. d. (*Cazin*) in-18, titre-front., 4 fig. par Eisen, mar. roug., fil., dos orné, dent. int., tr. dor. (*Rel. anc.*).

88. VIRGILIUS Maro. Ex Editione. Nic Heinsii et P. Burmanni. *Amstelaedami Wetstenium*, 1744, in-16. — Q. Horatius Flaccus, ex Recensione. D. Heinsii et Fabri ac variant lection Bentleii et Sanadonis. *Amstelaedami, Wetstenium*, 1743, in-16. — Ens. 2 ouvr. en 1 vol. in-16, maroq. rouge, fil., dos orné, dent. int., tr. dor. (*Rel. anc.*).

BEAUX-ARTS

OUVRAGES SUR L'AMEUBLEMENT, LES AUTOGRAPHES, LA BIBLIOPHILIE, LA BIJOUTERIE, LA BIOGRAPHIE, LES COLLECTIONS ET LES COLLECTIONNEURS, LA CURIOSITÉ, L'ESCRIME, LES ESTAMPES, LA FAIENCE, LES GRAVEURS, LES MONNAIES, LA MUSIQUE, L'ORFÈVRERIE, LA PEINTURE, LA PORCELAINE, LA SCULPTURE.

89. ALMANACH des monnoies, année 1785. *Paris, Méquignon*, 1785, in-12, fig., veau, dos orné (*Rel. anc.*).

Titre gravé, 6 planches de monnaies, et 4 planches des Poinçons des communautés d'orfèvres, gravés par Bernier.

90. ARCHÉOLOGIE. 10 brochures en 4 vol. in-8, demi-rel.

Dr Patay. Répertoire archéologique du Département du Loiret. Arrondissement d'Orléans. Coup d'œil sur l'exposition rétrospective de Tours, 1874. Notice biographique sur Arnault de Nobleville, 1876. Coup d'œil

sur l'exposition rétrospective de Blois, 1876. Revue sur
l'exposition rétrospective d'Orléans, 1877, 5 brochures
en 1 vol. 10 lettres de l'auteur ajoutées. — L. de Farcy.
Notices archéologiques sur les tentures et les tapisseries de la Cathédrale d'Angers, 1875. Clochers, son-
nerie, horloge et porche de la Cathédrale d'Angers,
1872. Notices archéologiques sur les orgues de la
Cathédrale d'Angers, 1873, 3 broch. en 1 vol , planches.
— H. Magny. Croquis Bourbonnais, 1863. — Héry.
Nouvelles esquisses africaines. *Saint-Denis, Ile Bou r-
bon*, 1856.

91. Arts Incohérents (Les). Dossier d'environ
55 pièces relatives aux *Arts Incohérents*. Catalogues d'Expositions, fragments de manuscrits d'articles, cartes d'invitation, programmes, journaux, etc.

92. Autographes. Inventaire des autographes
et documents historiques réunis par Benja-
min Fillon, décrits par Etienne Charavay.
Paris, 1878, 2 vol. in-4, portr. fac-simile, br.
— Catalogue de la belle et importante collection de Lettres autographes de feu M. de La-
janriette (Rédigé par Charavay), vente du
15 novembre 1860, in-8 de 406 pag., demi-
rel. — Les souscriptions de Lettres dans la
correspondance depuis le xvie siècle, jusqu'à
nos jours par Paul Dablin, *Vendôme*, 1903,
in-8, fac-simile, br. — Ens. 4 vol.
Envois de MM. Et. Charavay et Paul Dablin.

93. AUTOGRAPHES. Catalogue de la précieuse collection d'Autographes composant le cabinet de M. Alfred Bovet. Lettres autographes décrites par Etienne Charavay, ouvrage imprimé sous la direction de Fernand Calmettes. *Paris*, 1884-1885, 3 vol. in-4, fac-simile, demi-rel. basane bleue, non rognés, couv. cons.

La vente publique de ces autographes eut lieu les 18 février, 19 juin 1884 et 23 juin 1885.

Le catalogue se divise en 10 séries : Chefs de gouvernements, Hommes d'état, Révolution française, Hommes de Guerre, Savants et Explorateurs, Poètes et Prosateurs, Artistes dramatiques, Peintres, Sculpteurs, Graveurs et Architectes, Huguenots, Femmes.

On a ajouté à cet exemplaire 1 lettre de Félix Bovet. 1 lettre et une carte de Alfred Bovet. 6 lettres de Etienne Charavay, ainsi que les articles de journaux relatifs à cette vente, une liste manuscrite des principaux prix.

94. BAPST (Germain). Inventaire de Marie-Josèphe de Saxe, Dauphine de France, publié par G. Bapst. *Paris*, 1883, in-4, portr.-front., cart. demi-toile, couv. cons. — Jules Guiffrey. Inventaire général du mobilier de la couronne sous Louis XIV (1663-1715). *Paris*, 1885, in-8, fig., cart. toile, non rogn. (*Pouillet*). — Ens. 2 vol.

Envoi de J. Guiffrey.

On y joindra : Piganiol de la Force. Description de
la Galerie de l'Hôtel de Toulouse. *Paris, Impr. de la
Banque*, 1901, in-8, br.

95. BAPST (Germain). Etudes sur l'orfèvrerie
française au xviiie siècle. Les Germain orfè-
vres-sculpteurs du Roy. *Paris*, 1887, in-8,
nombr. fig., cart., dos et coins toile, non
rogn. (*Pouillet*).

> On y a joint des lettres de l'auteur.

96. BAPST (Germain). Histoire des joyaux de
la couronne de France. *Paris, Hachette*,
1889, gr. in-8, 50 grav., broch. — Louis
Enault. Les Diamants de la couronne, publié
avec le concours pour la partie technique de
M. Em. Vanderheym. *Paris, Bernard*, 1884,
8 phototypies, cart. toile. — La vente des
diamants de la couronne, son histoire, ses pré-
paratifs, ses résultats avec le catalogue raisonné des joyaux par Arthur Bloche. *Paris,
Quantin*, 1888, in-8, 35 grav., demi-rel. —
Catalogue des diamants, perles et pierreries
provenant de la collection dite des joyaux
de la couronne. *Paris, Imp. nat.* 1887,
in-fol. 10 pl. demi-rel. — Notice historique
sur les joyaux de la couronne par Vanderheym. *Paris, Impr. Nat.* 1889, in-4, demi-
rel. — Ens. 5 vol.

> Envois et lettres des auteurs ajoutées.

97. BAZIRE (Edmond). Manet. Illustrations d'après les originaux et gravures de Guérard. *Paris*, 1884, in-8, fig., cart. demi-toile, non rogn., couv cons.

L'Intérêt de l'envoi pour l'histoire de ce livre ne me permet pas de donner le sens seul, je le cite en entier « A mon excellent confrère Paul Eudel, avec toutes mes sympathies, Edmond Bazire. Post-scriptum. Ce livre, paraît-il, avait besoin d'une excuse.

Quelques journalistes, bibliographes où critiques, pris de tendresse pour ma personne, eurent la bonté de plaider les circonstances atténuantes. Aimer *Olympia!* Aimer le *Repos?* Aimer le *Bar* ou chez Lathuile! ce serait impardonnable ou insensé, si celui qui s'abandonne à un pareil goût n'avait commencé par aimer le créateur de ces abominations. L'Auteur a-t-on dit était l'intime ami de Manet. En écrivant ce volume, il a obéi plus à son cœur qu'à ses yeux, plus à son affection qu'à son critérium.

Eh bien! Je vais à la fois rétablir la vérité et désoler mes avocats d'office : Je ne connais pas Manet. Je le rencontrai deux fois dans ma vie, à dix ans d'intervalle, en 1869 et en 1879.

C'est un de mes très vifs regrets de ne l'avoir pas davantage approché. Dans ma course aux renseignements, j'ai su combien il était bon, et fin, et spirituel. Je l'ai raconté. Seulement on me l'avait raconté avant. Qui ça? Tout le monde.

Non, je n'eus pas le bonheur d'être l'ami du peintre. Je ne fus que l'ami de sa peinture. Devant tant de toiles vraies, lumineuses, courageuses, mon admiration ne résista pas. On voit, par conséquent, que je ne mérite aucune indulgence et que je suis le plus dan-

gereux et le plus endurci des criminels. Edmond
Bazire. Bois-Colombe, 8 février 1884.

98. BÉRALDI (Henri). 1872-1884. Mes Estampes. *Lille*, 1884, in-8, cart. toile verte, non
rogn.; couv. cons. (*Pierson*).

> Tiré à 50 exemplaires numérotés (nᵒ 22). Envoi, on
> a ajouté une carte de visite de M. Beraldi portant
> quelques mots.
> Aux armes de Paul Eudel.

99. BÉRALDI (Henri). 1803-1885. Bibliothèque
d'un Bibliophile. *Lille, Danel,* 1885, in-8,
cart., non rogn., couv. cons. (*Pouillet*).

> Aux armes de M. Paul Eudel.
> Envoi de l'auteur.

100. BIBLIOPHILES CONTEMPORAINS. Annales
administratives des Bibliophiles contemporains. Académie des beaux livres. *Paris*,
1889-1894, 6 vol. in-8, nombr. fig., br., en
2 étuis.

> Collection complète de l'origine 1889 à 1894. Chaque
> volume a un tirage limité variable de 200 à 250 exem-
> plaires.

101. BOISSEAU (A.). Quatuor pittoresque pour
violons, alto et violoncelle, d'après une fantaisie de Champfleury. S. l. (*Paris*), 1879,
plaq. in-4, cart. dos et coins de toile, non

rogn., couv. ill. par Henri Pille cons. (*Pouillet*).

Exemplaire auquel on a ajouté 5 lettres du compositeur adressées à Champfleury et relatives à la publication du quatuor; 2 articles de Champfleury; le dessin original de la couverture, importante composition à la plume de Henri Pille; le tirage à part de la couverture, épreuve avant la lettre sur papier de Chine.

On y a ajouté Les Modestes Musiciens, de Champfleury, 2 ff. impr. et illustrés.

102. BONNAFFÉ (Edm.). Paradoxes. Le confort. *Paris*, 1873, plaq. de 15 pag. in-8, fig., cart., — Les Propos de Valentin. *Paris*, 1886, in-12, br. — Le Musée Spitzer. *Paris*, 1890, in-8, fig. cart. — Etudes sur l'Art et la curiosité. *Paris*, 1902, in-8, br. — Ens. 4 vol.

On y joindra l'ouvrage de Ancel Oppenheim. Connaissances nécessaires à un amateur d'objets d'art et de curiosité. *Paris*, 1879, parce qu'il est entièrement annoté dans les marges et sur le faux titre par Ed. Bonnaffé. Ces notes ne sont certes pas à la louange de l'ouvrage ni de son auteur, mais servent de correctifs, exprimés parfois durement pour l'auteur mais toujours d'une manière amusante.

103. BONNAFFÉ (Edmond). Inventaire des meubles de Catherine de Médicis en 1589. Mobiliers, tableaux, objets d'art, manuscrits. *Paris*, 1874, in-8, portr. maroq. bleu, fil., dos orné, dent. int., tr. dor. (*Chambolle Duru*, 1885).

> Aux armes de Paul Eudel.
> Un des 40 exemplaires sur papier de Chine. Envoi.
> Lettre ajoutée.

104. Bonnaffé (Edmond). Dictionnaire des amateurs français au xviiᵉ siècle. *Paris*, 1884, in-8, cart. toile. — Victor de Swarte. Les financiers amateurs d'art aux xviᵉ, xviiᵉ et xviiiᵉ siècles. *Paris*, 1890, in-8, br.

> Envoi de V. de Swarte.
> Exemplaires sur papier vergé.

105. Bonnaffé (Edm.). Les Faïences de Saint-Porchaire. *Paris*, 1888, plaq. in-8, 1 pl., br. — G. Le Breton. Le Musée céramique de Rouen. *Rouen*, 1883, in-8, 20 pl. par Goutzwiller, broch. — Ris-Paquot. Documents inédits sur les faïences charentaises. *Paris*, 1878, in-12, 15 fig., br. — Th. Bilbaut. L'Art céramique au coin du feu. *Paris*, 1892, in-12, fig., br., Ens. 4 vol.

106. Boulanger (Cl.). Le Mobilier funéraire Gallo-Romain et Franc en Picardie et en Artois, avec 50 planches en chromolithographie et 300 grav. *Paris*, *Leroux*, 1902, in-fol. en livraisons. — Le Cimetière Franco-Méro-

vingien de Marchélepot (Somme).. *Paris,
Impr. Nat.*, 1909, in-8, br. — Ens: 2 vol.

Envoi.

107. BOUILHET (Henri). L'orfèvrerie française
aux xviiiᵉ et xixᵉ siècles. *Paris, Laurens*,
1908, in-8, nombr. fig., br.

Exemplaire imprimé pour Paul Eudel. Envoi de
l'auteur.

108. BOURCARD (Gustave). Les Estampes du
xviiiᵉ siècle. Ecole française. Guide-Manuel
de l'amateur, avec Préface de Paul Eudel.
Paris, Dentu, 1885, in-8, br.

Envoi à Paul Eudel, cartes, lettres et ex libris de
l'Auteur.

Exemplaire unique sur grand papier Whatman.

109. BOURCARD (Gustave). Dessins, gouaches
estampes et tableaux du xviiiᵉ siècle, Guide
de l'amateur. *Paris, Morgand*, 1893, gr.
in-8, br.

Envoi. A mon ami Paul Eudel. Un reconnaissant qui
vous remercie bien affectueusement de tout ce que
vous avez fait pour lui.

G. Bourcard.

Un des 5 exemplaires sans numéro réservés pour
l'auteur.

Lettre de l'auteur et documents ajoutés.

110. Bourcard (Gustave). Graveurs et gravures. France et Etranger. Essai de Bibliographie, 1540-1910. *Paris, Floury*, 1910, in-8, br.

> Envoi à Paul Eudel.
>
> *A l'inlassable et érudit travailleur toujours vert, toujours attentif et charmant pour moi, j'offre ce mauvais volume en souvenir de ma vieille et affectueuse reconnaissance.*
>
> G. Bourcard.

Un des 50 exemplaires num. en chiffres romains.

111. Bourgeois (Armand). Causerie humoristique sur les Eventails par un Revenant du xviiie siècle, avec une préface de Paul Eudel. *Châlons-sur-Marne*, 1886, 3 plaq. en un vol. in-8, portr., cart. demi-toile, non rogn., couv. cons.

> Ce volume contient un exempl. à l'état d'épreuves avec corrections, 1 exempl. sur papier de Chine et 1 sur pap. de Hollande, on y a ajouté divers documents et des lettres de l'Auteur.
>
> On y joindra du même auteur Petits bavardages sur quelques cabinets de travail au xviiie siècle. *Paris*, 1893, in-8, portr., cart.

112. Burty (Philippe). Les Emaux cloisonnés anciens et modernes. *Paris, Martz*, 1868, in-12, 11 pl. lithog. en couleur, par G. Regamey, et dess. dans le texte par F. Regamey, cart. toile rouge, non rogn., couv. cons.

> L'Envoi de Ph. Burty à P. Eudel est ainsi libellé :

(Recherché en Angleterre.) C'est la première plaquette qu'on ait ornée avec des fac-simile de dessins japonais. Ce fut votre ami Regamey qui s'en chargea. Le chromo est de son père.

113. BURTY (Phillippe). F. D. Froment-Meurice, argentier de la ville, 1802-1855. *Paris, Jouaust*, 1883, in-4, portr. gr. par Buhot, 5 eaux-fortes de Jacquemart, Greux, Gaucherel, Courtry et Rajon, 1 lithog. par Pralon et fig. dans le texte, cart. toile.

Aux armes de Paul Eudel. Lettre de E. Froment Meurice ajoutée.

114. BURTY (Ph.). La Poterie et la Porcelaine au japon. *Paris, Quantin*, 1886, in-4. Extrait de la Revue des Arts décoratifs, cart. — Catalogue des Porcelaines de la Chine et du Japon composant la collection de M. O. Du Sartel, vente des 3, 4, 5 avril 1882, fig., cart.

Envoi de Burty.

Catalogue Du Sartel avec les prix et noms des acquéreurs, correspondance ajoutée.

115. CATALOGUE de l'argenterie ancienne appartenant à M. Paul Eudel et dont la vente aura lieu à Paris, Hôtel Drouot, les 25 et 26 avril 1884. *Paris*, 1884, gr. in-8, portr., fig. maroq. bleu, filets, dent., dos orné, dent.

intér., tr. dor., étui (*Chambolle-Duru*, 1885).

Aux armes de Paul Eudel.

Exemplaire UNIQUE imprimé sur PEAU DE VÉLIN, auquel on a joint la carte d'exposition tirée sur soie et sur peau de vélin. 1 portrait de Paul Eudel grav. par Desmoulin et 4 états du portr. grav. par Descaves. 1 portr. de Mme Eudel, grav. par A. Masson.

116. CATALOGUES. 6 vol. in-8, rel., cart. et br.

Bibliothèque P. E. (Paul Eudel). Livres rares et curieux et affiches illustrées. *Paris*, 1895, maroq. grenat, filets, dos orné, dent. intér., tr. dorées, couv. ill. (*Noulhac*). Un des 2 ex. num. sur papier du Japon. — Le même, maroq. bleu, filets intér., tr. dorées, couv. ill. (*Chambolle-Duru*). Ex. unique sur papier bleu. — Le même, cart., un des 2 ex. num. sur papier Whatman, etc.

117. Catalogues. 7 vol. in-8, rel., cart. ou br.

Bibliothèque de M. Paul Eudel. *Paris*, 1898, 2 parties en 1 vol., fig., maroq. rouge jans., filets intér., tr. dorées sur brochure, couv. cons. (*Chambolle-Duru*). Un des 3 ex. num. sur papier Whatman. — Même ouvrage, ex. unique sur papier bleu, demi-rel. chag. rouge. — Le même, ex. unique sur papier bleu, mar. bleu, tête dorée, non rogn. — Bibliothèque de feu M. le Comte Roger (du Nord). *Paris*. 1884, ex. sur papier de Hollande, demi-rel. etc.

118. CATALOGUES. 4 vol. in-4, planches, rel. et cart.

Catalogue des tableaux, pastels, aquarelles, dessins

anciens et modernes, gravures, objets d'art et d'ameu-
blement, tapisseries, composant la collection de M.
Paul Eudel. 12 mai 1898, in-4, pl., maroq. bleu jans.,
dent. intér., tr. dorées, couv. cons. (*Chambolle-Duru*).
Un des 10 exempl. num. sur papier du Japon. — Le
même, un des 2 ex. num. sur papier bleu, demi-rel. —
Le même. un des 2 ex. num. sur papier rose, demi-rel.
— Le même, un des 5 ex. num. sur Whatman, cart.

On y joindra un album de 8 portraits de P. Eudel,
Ohnet, Coquelin-Cadet, gr. à l'eau-forte par Alp. Descaves.

**119. CAZENEUVE (Paul de). La Garantie fran-
çaise et ses poinçons de 1260 à nos jours.
Alger, 1898, in-8, fig., demi-rel. chag.
vert.**

On y joindra du Même Auteur. Du contrôle des
ouvrages d'or et d'argent et des poinçons de garantie
antérieurement au 19 brumaire, an VI. *Alger*, 1895.

**120. CAZENEUVE (Paul de). La Garantie fran-
çaise et ses poinçons de 1260 à nos jours.
Alger, S. Léon, 1899, in-8, nombr. fig. de
poinçons, demi-rel. chag. roug., tête jasp.,
non rog., couv. cons.**

Envoi et lettre de l'auteur. Au début et la fin on a
joint la correspondance au sujet de la préface de
Paul Eudel. Epreuves en placards des poinçons
reproduits dans l'ouvrage. Epreuves de la préface avec
les corrections de Paul Eudel et prospectus de l'ouvrage.

121. CAZIN, sa vie et ses éditions par un Cazi-
nophile (Brissart-Binet). *Cazinopolis*, 1877,
in-32, mar. vert, fil., dos orné, dent. intér.,
tr. dor. (*Chambolle-Duru*).

Ex. sur gr. papier de Hollande.

122. CHAMPFLEURY. Les vignettes romantiques,
histoire de la littérature et de l'Art, 1825-
1840, 150 vignettes par Célestin Nanteuil,
T. Johannot, Deveria, Jeanron, Ed. May,
Gigoux, Rogier, A. Allier. Suivi d'un catalogue complet des romans, drames, poésies
ornés de vignettes. *Paris, Dentu*, 1883, in-4,
fig., cart. toile, non rogn., couv. cons.
(*Pierson*).

Aux armes de Paul Eudel. Exemplaire sur grand
papier de Hollande. Contient 4 lettres et 3 feuillets
autographes de Champfleury, 1 l. de Gonzalès., 1 l.
d'Adolphe Racot, 1 l., de Camille Rogier, 1 l., de
Dentu. 2 ex libris différents de Champfleury, prospectus de l'ouvrage.

On y joindra 46 planches reproduites dans l'ouvrage.
Épreuves d'essai, bons à tirer, sur différents papiers,
réunies dans un carton.

123. CHAMPFLEURY. Réunions de 55 pièces diverses relatives à Champfleury ou à sa famille, en feuilles dans un emboîtage.

Lettre de faire part du mariage de Champfleury,

importante composition d'Edmond Morin, gr. à l'eau-forte et tirée sur papier de Chine. Dessins de jeunesse et eaux-fortes de Champfleury. Epreuves d'essai d'eaux-fortes de Madame Champfleury, lettres intimes, caricatures, 6 dessins contenus dans une enveloppe portant cette inscription de la main de Champfleury : « Dessins de jeunesse de Guillemin, de Baudelaire, de moi au collège ou en librairie. »

On y joindra un carton renfermant 44 pièces diverses relatives à Champfleury parmi lesquelles les 6 portraits suivants : dessin original à la plume, par Frédéric Régamey. Portrait-charge gr. par Aglaüs Bouvenne, d'après Ch. Baudelaire, tiré à **6 EXEMPLAIRES** sur papier de Chine. Lithog. de A. Legros, 1875, sur papier de Chine, Lithog. de A. Gautier, d'après Gustave Courbet, sur Chine. Portrait-charge, lithog. de Et. Carjat, sur Chine. Eau-forte orig. de H. Lessore, 1879. Caricatures de Gill, Gilbert-Martin, Nadar, photographies, etc. Ens. 99 pièces.

124. CHAMPFLEURY. Publications, lettres, notes manuscrites relatives à Champfleury, 275 pièces en 2 vol. in-4, cart. demi-toile et 2 emboîtages.

Ventes de Champfleury : Tableaux et faïences patriotiques. Bibliothèque. Estampes. Autographes. L'œuvre de Champfleury dressée d'après ses propres notes et complétée par Maurice Clouard. Champfleury, sa vie, son œuvre et ses collections, par Paul Eudel, 6 catalogues ou plaq. en 1 vol. in-4, cart., listes des prix d'adjudication des 4 ventes ajoutées. — Articles publiés après la mort de Champfleury, 160 articles en 1 vol. in-4, cart. — Notes manuscrites de Champfleury.

— 22 lettres autog. sign. parmi lesquelles : J. Claretie, 2 l. a. s. Charles Cousin, Carrier-Belleuse, Emile
Zola, carte autog., Maurice Tourneux, etc.

125. Champfleury. Catalogues, manuscrits,
notes et documents divers relatifs aux collections de Champfleury. 10 vol. in-4, br.
et environ 320 pièces, dans 7 emboîtages.

Catalogues : Faïences historiques, mars 1886, catal.
rare tiré à petit nombre, d'une vente qui n'eut pas
lieu.

Tableaux et faïences patriotiques. Avril 1890. Un
des 8 ex. num. sur papier du Japon auquel on a ajouté :
1 portr. de Champfleury, gr. par Bracquemond d'après
Courbet, 1 port. gr. par H. Lessore, les calques de
3 dessins de J. Adeline, dont un inédit représentant
un violon de faïence.

Bibliothèque, décembre 1890. Un des 3 ex. num.
sur Japon contenant l'ex-libris de l'écrivain, et les
port. et planches hors texte en double état.

Autographes. Janvier 1891. Un des 3 ex. num. sur
Japon, avec les fac-similés hors texte en double état
et auquel on a ajouté l'original et 2 fac-similés d'une
lettre de Champfleury à Paul Eudel.

Estampes, Janvier 1891. Un des 3 ex. num. sur
Japon, avec port. et pl. hors texte en double état.
Tableaux. Estampes. Bibliothèque. 3 vol. tirés à petit
nombre sur Hollande ou vergé.

Ces catalogues sont accompagnés des documents
suivants :

Faïences. 55 pièces dont le 1er manuscrit autog. de
la préface de Paul Eudel. 9 pp. in-4, épreuves avec
corrections, notes autog. de Champfleury, affiche de la

vente, listes des prix d'adjudication sur différents
papiers, etc.

Bibliothèque. 50 pièces. Essais de couverture, notes
manuscrites, affiche, liste des prix, etc.

Autographes. 40 pièces, 1er projet de la préface de
Paul Eudel, copie dactylographique, liste des prix,
nombreux fac-similés, articles de journaux, etc.

Estampes. 45 pièces. Notes de Champfleury, épreuves
successives de la préface de Paul Eudel, affiche de la
vente, liste des prix, articles de journaux, etc.

Illustrations des catalogues. 93 pièces. Epreuves
d'essai, tirages à part en différents états sur blanc et
sur Chine, etc.

On y joindra un dossier contenant 22 manuscrits
d'œuvres diverses de Champfleury, dont la propriété
littéraire fut mise en adjudication le 27 novembre 1891 :
Chien-Caillou, L'auteur du Bras-Noir, Pick de l'Isère,
etc. Ces manuscrits contiennent, pour la plupart, des
corrections de l'auteur, 2 sont entièrement autographes : *Le père Aubourg et Un mariage en 1770.*

126. CHASSANT et Henri Tausin. Dictionnaire
des devises historiques et héraldiques avec
figures et une table alphabétique des noms.
Paris, Lemoulin, 1878, 3 vol. in-12, br.

127. CHATAUVILLARD (Comte de). Essai sur le
Duel. *Paris, Bohaire, 1836, in-8, demi-rel.,*
dos et coins maroq. noir, tête dor., non rogn.
Très bel exemplaire non rogné.

128. CLOUZOT (Henri). Notes pour servir à
l'Histoire de l'imprimerie à Niort et dans les

Deux-Sèvres. *Niort*, 1891. — Cens et rentes
dus au Comte de Poitiers à Niort au xiii⁰ siècle. *Niort*, 1904. — Topographie Rabelai-
sienne. *Paris*, 1904. — Un curieux de Province. Collections de L.-P. Gouraud. *Niort*,
1904, fig. — Saint-Maur. Paradis de salu-
brité, aménité et délices. *Paris*, 1909. —
Farault. Bibliographie des livres, revues et
périodiques édités par Léon Clouzot. *Niort*,
1905. — Ens. 6 vol. in-8, br.

    Envois.

129. Clouzot (Henri). Catalogue descriptif et
raisonné de l'œuvre de O. de Rochebrune
(1824-1900) avec notice, introduction et
index bibliographique. *Niort, L. Clouzot*,
1901, in-4, front. et 2 portr., br.

    Envoi du Comte R. de Rochebrune.

130. Copper (Edouard). L'Art et la Loi. Traité
des questions juridiques se référant aux
artistes et aux amateurs, éditeurs et marchands d'œuvres d'art. *Paris*, 1903, in-8, br.

131. Courajod (Louis) et Molinier. Donation
du Baron Charles Davillier. Catalogue des
objets exposés au Musée du Louvre. *Paris*,
1885, in-4, nombr. fig., cart. en papier gau-
fré japonais, non rogn.

    Ce Catalogue a été tiré à 200 exemplaires.

132. Cripps (W. J.). Old french plate : with tables of the Paris date-letters, and facsimiles of other marks. A hanbook for the collector. *London, John Murray*, 1880, in-8, nombr. marques, cart. toile.

Cet exemplaire est accompagné du MANUSCRIT DE LA TRADUCTION FRANÇAISE INÉDITE faite par Paul Eudel.

D'une étude historique sur les poinçons destinée probablement à servir de préface à cette traduction (incomplète de 3 ff.) et enfin une réponse du Conseil judiciaire de la Société des Gens de Lettres sur une consultation juridique à propos de cette traduction.

Nous joindrons à l'exemplaire la seconde édition anglaise publ. en 1893.

133. Cripps (W. J.). Old English plate, ecclesiastique, decorative, and domestic its makers and marks. Second edition, carefully revised, with 73 illustrations. *London, Murray*, 1881, in-8, cart. toile.

Excellent ouvrage sur la vieille orfèvrerie anglaise.

134. Décombe (Lucien). Les anciennes faïenceries rennaises. *Rennes*, 1900, in-8, 12 pl. br. — Le Dr Louis Marchant. Recherches sur les Faïences de Dijon. *Dijon*, 1885, in-4, pl. fig., cart., non rogn. — Ens. 2 vol.

Envois des auteurs. Lettres ajoutées.

135. DELACROIX. L'Œuvre complet de Eugène
Delacroix, peintures, dessins, gravures, lithographies, catalogué et reproduit par Alfred
Robaut, commenté par E. Chesneau. Ouvrage publié avec la collaboration de F. Calmettes. *Paris, Charavay*, 1885, in-4, fig.,
br.

Envoi d'auteur. On y joindra : L'œuvre de Delacroix,
par Henri Du Cleuziou. — Lettres inédites publiées
par J. Guiffrey. — Exposition E. Delacroix. *Paris*,
1864. — Exposition E. Delacroix. *Paris*, 1885.

136. DURET (Théodore). Critique d'Avant-
Garde. *Paris, Charpentier*, 1885, in-12,
cart. toile, non rogn., couv. cons. aux armes
de Paul Eudel.

Edition originale. Envoi. Hommage d'un critique à
un critique. Théodore Duret.

137. EUDEL (Paul). L'Hôtel Drouot de 1881
à 1888. Préfaces par Jules Claretie. A. Sil-
vestre. Ch. Monselet, Champfleury, Burty,
Bergerat, Uzanne, Bonnaffé. *Paris, Charpentier*, 1881-1889, 8 vol. illustr. de Job et
Comba, portr. — Tables des noms cités
dans les 8 volumes. Préface de J. Troubat.
Paris, Charpentier, 1891. — Ens. 9 vol.
in-12, br.

Exemplaire sur papier de Hollande. Un article sur

la vente Villebeurnon, autographe de P. Eudel, a été ajouté à l'année 1885.

138. EUDEL (Paul). L'Hôtel Drouot. 1884 à 1888. *Paris, Charpentier, 1882-1889*, 8 vol., portr., fig. — Tables des noms cités dans les huit volumes. *Paris, Charpentier*, 1891. — Ens. 9 vol. in-12, br.

> Collection complète.

139. EUDEL (Paul). Le Truquage. Les contre-façons dévoilées. *Paris, Dentu*, 1884, in-12, cart. maroq. marron, non rogn., couv. cons. (*Pierson*).

> Aux armes de Paul Eudel. Edition originale. Un des 4 EXEMPLAIRES num. sur PAPIER WHATMAN (n° 2) non mis dans le commerce, enrichi sur le faux titre et dans les marges, de 3 dessins à la plume et de 46 AQUARELLES ORIGINALES par FRÉDÉRIC RÉGAMEY.

140. EUDEL (Paul). Le Truquage. Les contre-façons dévoilées. *Paris, Dentu*, 1884, in-12, cart. maroq. vert, dent. intér., non rogn., couv. cons.

> Aux armes de Paul Eudel. Edition originale. Un des 4 exemplaires num. sur PAPIER WHATMAN (n° 3), non mis dans le commerce, enrichi de 76 COMPOSITIONS ORIGINALES, plume et aquarelle, dont 41 par Henry Somm et 35 par A. Robida.

141. EUDEL (Paul). Le Truquage, les contre-
façons dévoilées. *Paris, Dentu,* 1884, in-12,
cart. maroq. vert foncé, tête dorée, non
rogn., couv. cons. (*Noulhac*).

> Aux armes de Paul Eudel.
> Edition originale. Exemplaire imprimé sur PAPIER DE
> HOLLANDE, orné de 180 COMPOSITIONS ORIGINALES de
> Mlle Mare Mangin, dont 17 à la plume et 163 plume et
> aquarelle.

142. EUDEL (Paul). Le Truquage. Altérations,
fraudes et contrefaçons dévoilées. *Paris,
Rouveyre,* s. d. (1903), in-12, maroq. vert,
filets, dos orné, dent. intér., tr. dorées sur
brochure, couv. ill. cons. (*Chambolle-Duru*).

> Aux armes de Paul Eudel.
> Un des 25 exemplaires num. sur PAPIER DU JAPON.

143. EUDEL (Paul). Collections et Collectionneurs. *Paris, Charpentier,* 1885, in-12, mar.
bleu, fil., listel de maroq. roug. bordé de 2 filets, fleurettes avec feuillages formant une
courante sur le listel, en haut guirlande de
fleurs et de feuillages attachée au centre et
retombant sur les côtés, dos orné, avec compart. de mosaïque de maroq. rouge, dent.
intér., tr. dor. (*Ruban*).

> Un des DEUX exemplaires tirés sur PAPIER BLEU.

144. EUDEL (Paul). Envois d'auteurs. *Issoudun,*

1898, in-12, mar. rouge jans., dent. intér., tr. dor., couv. cons. (*Chambolle-Duru* 1904).

Aux armes de Paul Eudel.

Exemplaire UNIQUE TIRÉ SUR PAPIER DU JAPON.

Nous vendrons à la suite l'exemplaire unique sur papier rose, broch. et sur papier bleu, demi-rel. mar. brun, tête dor. non rogu , couv. (*Canape*).

145. EUDEL (Paul). L'Orfèvrerie algérienne et tunisienne. Ouvrage illustré de nombreux dessins, chromolithographiés et cartes. *Alger, Ad. Jourdan*, 1902, in-4, fig. maroq. rouge, filets, dos orné, dent. intér., tr. dor., couv. cons. (*Chambolle-Duru*, 1904).

Aux armes de Paul Eudel.

Un des 2 exemplaires tirés sur papier du Japon.

146. EUDEL (Paul). Dictionnaire des bijoux de l'Afrique du Nord. Maroc, Algérie, Tunisie, Tripolitaine. *Paris, Leroux*, 1906, in-8, nombr. fig., broch.

Exemplaire UNIQUE sur papier rose.

147. EUDEL (Paul). Dictionnaire des bijoux de l'Afrique du Nord. Algérie, Tunisie, Tripolitaine. *Paris, Leroux*, 1906, in-8, nombr. fig. maroq. brun, 7 filets dor., dos orné de filets, dent. intér. composée de 7 filets, tr. dor. (*Chambolle-Duru*, 1907).

Aux armes de Paul Eudel.

Exemplaire unique sur papier du Japon.

148. EUDEL (Paul). Trucs et truqueurs. Altérations, fraudes et contrefaçons dévoilées. *Paris, Librairie Molière*, s. d. (1908), in-12, maroq. brun, filets, dos orné, dent. intér.. tr. dorées sur brochure, couv. ill. cons.. (*Chambolle-Duru*).

> Aux armes de Paul Eudel.
> Exemplaire UNIQUE imprimé sur PAPIER DE CHINE.

149. EUDEL (Paul). Trucs et Truqueurs. Alté- / rations, fraudes et contrefaçons dévoilées. *Paris, Librairie Molière*, s. d. (1908), in-12, maroq. vert, filets, dos orné, dent. intér., tr. dorées sur brochure, couv. ill. cons. (*Chambolle-Duru*).

> Aux armes de Paul Eudel.
> Un des 4 exemplaires num. sur papier de couleur (PAPIER VERT).

150. EUDEL (Paul). Trucs et truqueurs. Altérations, fraudes et contrefaçons dévoilées. *Paris, Librairie Molière*, s. d. (1908), rel. en 2 vol. in-12, maroq. rouge, filets, dos ornés, dent. intér., tr. dorées sur brochure, couv. ill. cons. (*Chambolle-Duru*).

> Aux armes de Paul Eudel.
> Un des 3 exemplaires num. sur PAPIER DU JAPON (nº 1).

151. FARCY (Paul de). Sigilographie de la Nor-

mandie (Evêché de Bayeux). Ouvrage orné
de 38 planches gravées à l'eau-forte, par l'auteur. *Caen*, 1875, in-4, fig., demi-rel. chag.
vert, tr. peigne.

> Lettre de l'auteur.

152. FIGURES CONTEMPORAINES tirées de l'album
Mariani. Portraits, autographes, notices et
biographies. *Paris, Flammarion, Floury,*
1894-1911, 12 vol. in-4, portraits gravés à
l'eau-forte ou sur bois, br.

> Exemplaire num. sur papier teinté d'Arches.

153. FILLON (B.) et O. de Rochebrune. Poitou
et Vendée, études historiques et artistiques.
Niort, Clouzot, 1887, 2 vol. in-4, fig. demi-
rel. chag. grenat, têtes peignes, non rogn.

> Excellent ouvrage orné de 120 planches, eaux-fortes,
> cartes et portrait, par O. de Rochebrune, L. Gauche-
> rel, Leop. Flameng et Charles Meryon.

154. FONTAINNE (Jules). Code des orfèvres, bijoutiers, horlogers, et autres marchands d'or
et d'argent. *Paris, Jules,* 1845, in-8, demi-
rel. chagr. brun, tr. peigne.

155. FONTENAY (Eugène). Les bijoux anciens
et modernes. *Paris,* 1887, in-4, 700 dessins
exécutés par Saint-Elme Gautier sous la di-

rection de l'auteur, cart. demi-toile, ébarbé.

156. GAY (Jules). Catalogue des publications d'amateurs et de bibliophiles. *Turin*, juillet 1870 et octobre 1871. *Nice*, 1872, 3 catalogues en 1 vol. in-12, demi-rel. mar. rouge, dos orné, tête dor., non rogné (*Lemardeley*).

On y a joint 5 lettres de J. Gay et de son fils.

157. GAY (Jean). Quelques femmes bibliophiles, notes recueillies par Jean Gay. *Bordighère : Jules Gay*, 1875, in-12, demi-rel. maroq. rouge, tête dor., non rogné. (*Lemardeley*).

Tiré à 50 exemplaires num. et non mis dans le commerce.

On y a joint, 2 lettres autographes de J. Gay.

158. GOUELLAIN (Gustave). Céramique révolutionnaire. L'Assiette dite à la guillotine. *Paris*, 1872, in-4, pl. en couleur. — La céramique musicale au Trocadéro et ailleurs en 1878. *Paris*, 1878, in-8. — 2 vol. in-8, cart.

Envois et lettre de l'auteur.

159. GOUELLAIN (Gustave). Mémoire historique sur la manufacture nationale de porcelaine de France, rédigé en 1781 par Bachelier réédité avec préface et notes par G. Gouellain.

Paris, 1878, in-12, cart., non rogné. — La manufacture de porcelaine de Sèvres d'après un mémoire inédit du xviiie siècle, par Gaston Le Breton. *Paris*, 1882, in-8, cart. Ens. 2 vol.

On a ajouté au premier ouvrage, 20 lettres de M. Gouellain à M. Paul Eudel. Sur l'inauguration du monument Flaubert à Rouen, sur la curiosité en général, les antiquaires, leurs trouvailles, leurs achats et leurs déceptions.

Envoi de M. G. Le Breton.

160. Goya. Caprichos de Goya. Colleccion de ochenta estampas grabadas al agua fuerte con aguadas de Resina por el mismo. *Madrid, Calcografia Nacional,* 1868, in-4, cart., recouvert de la couverture impr.

Très bel exemplaire complet. Portrait de Goya et 79 planches superbes d'épreuves.

161. Grand-Carteret (John). Les almanachs français, bibliographie, iconographie des almanachs, annuaires, calendriers, chansonniers, états, étrennes (1600-1895). 5 planches coloriées et 306 vignettes. *Paris, Alisié,* 1896, gr. in-8, br.

162. Granges de Surgères (Le Marquis de) et Gustave Bourcard. Les Françaises du xviiie siècle, portraits gravés. Préface du Ba-

ron R. Portalis, ouvrage orné de douze portraits d'après les originaux. *Paris, Dentu,*
1887, in-8, cart. demi-toile, tête jasp.. non
rogn., couv. cons.

> Exemplaire sur GRAND PAPIER DE HOLLANDE avec
> les figures en DEUX ÉTATS. 3 lettres autogr. de
> M. Bourcard, 1 lettre de M. Surgères, ajoutés.

163. GUEULETTE (Charles). Mademoiselle Cons-
tance Mayer et Prud'hon. Paris, 1880, in-8,
faux titre, titre et 49 pp., 4 eaux-fortes hors
texte et fig. dans le texte. — Notes et renseignements inédits sur Prud'hon et sa famille.
Paris, 1880, in-8 de 17 pp. 2 parties en 1 vol.
in-8, cart.

> Tirage à part sur papier de Hollande de la Gazette des
> Beaux-Arts. Avec 2 envois et une longue note de
> l'auteur sur le faux titre où il exprime son admiration
> pour Prud'hon, et Mlle Mayer ainsi que pour le beau
> caractère de M. de Boisfremont qui préféra se voir
> accuser de s'être approprié l'argent de leurs sépul-
> tures que de dénoncer l'endroit ou le Maître voulait
> dormir ignoré auprès de son élève bien aimée.

164. HAVARD (Victor). Dictionnaire de l'ameublement et de la décoration depuis le
XIIIe siècle jusqu'à nos jours. Ouvrage illustré de 256 planches hors texte et de plus de
2.500 gravures dans le texte. *Paris, Quantin,* s. d., 4 vol. in-4, br.

> 2 lettres de Adolphe Giraldon ajoutées.

165. Jannettaz, Fontenay, Vanderheym, Coutance. Diamant et pierres précieuses, bijoux, joyaux, orfèvreries au point de vue de leur histoire et de leur travail. *Paris, Rothschild,* 1881, in-8, 335 vign. et 1. pl. en couleur, demi-rel. chag. brun, tête dor., non rogné.

Envoi et lettre de M. Vanderheym.

166. La Bedollière (Emile de). Les industriels métiers et professions en France, avec cent dessins, par Henry Monnier. *Paris, Louis Janet,* 1842, in-8, fig., demi-rel. mar. violet, dos orné (*Rel. romantique*).

167. Le Breton (Gaston). Collection Spitzer. Les étoffes et les broderies. *Paris, Quantin,* 1883, in-8, fig., cart. — Raymond Cox. Le musée historique des Tissus de la Chambre de commerce de Lyon. *Lyon,* 1902, in-8, br. Ens. 2 vol.

Envoi et lettres de M. G. Le Breton.

168. Lacroix (Paul) et F. Serré. Histoire de l'orfèvrerie-joaillerie et des anciennes communautés et confréries d'orfèvres joailliers de la France et de la Belgique. *Paris,* 1850, gr. in-8, fig., demi-rel. chagr. rouge, tr. peigne (*Lemardeley*).

Quelques rousseurs.

169. MARMITE (La). Réunion de 3 vol. in-4, demi-rel. et cart., 3 plaq. in-12, br. et environ 400 menus illustrés, lettres, cartes d'invitation et documents divers relatifs à la Société artistique *La Marmite*.

> *La Marmite* en 1900. *Paris, Braun*, s. d. (1900), in-4, nombr. fig. et portraits, demi-rel. dos et coins de mar. rouge, tête dorée, non rogné (*Canape*). — Album de *La Marmite*. *Paris, Baschet*, 1880, in-4, fig., cart — Annuaires pour 1889 et 1890. — Nombreux menus illustrés par Albert Maignan, Henry Pille, Chéret, Robida, Gorguet, Fraipont, Jules Garnier, etc.

170. MARX (Roger). L'Art à Nancy en 1882. 10 pl. de Friant, Jeanniot, Martin, Prouvé, Schiff, Sellier, Voirin. *Paris, Ollendorff*, 1888, in-12, cart. étoffe japonaise, non rogn. — Vingt-cinq eaux-fortes par les principaux artistes modernes. Préface de Roger Marx. *Paris*, 1888, in-fol. 25 pl., en cart., recouv. de satin.

> Envois de Roger Marx. Le premier ouvrage a été tiré à 275 exempl. Il contient la couverture en double état, et une lettre de l'auteur.

171. MAZE (Alphonse). Recherches sur la Céramique. Aperçu chronologique et historique avec marques et monogrammes. *Paris*, 1870, in-4, 29 pl. demi-rel. mar. vert, non rogn. couv. cons.

> Les 29 planches renferment 145 pièces accompagnées

d'un texte explicatif, plus **3** photographies, cabinet de
M. Maze. Envoi de l'auteur.

172. MAZE-SENCIER (Alp.). Le Livre des collectionneurs. *Paris, Renouard*, 1885, in-8, fig.,
cart. demi-toile, non rogn., couv. cons.

> Envoi et lettre de l'auteur, documents ajoutés. Ex
> libris Paul Eudel.

173. MONNAIES. Arrest du 28 juillet 1699. Qui
défend à tous orfèvres, joailliers, chaudron-
niers de fondre ou difformer aucunes espèces
de monnayes, à peine des galères à perpé-
tuité. 2 ff. — Edit. de décembre 1715 concernant les monnoyes. 4 ff. — Arrest du
7 janvier 1716 qui règle les fonctions et salaire
des changeurs 2 ff. — Déclaration du Roy
concernant les monnoyes du 29 août 1716.
2 ff. — Arrest du Conseil d'Etat pour la con-
fiscation des vieilles espèces, du 19 décembre
1718. 2 ff. — Arrest de la cour des monnoyes
du 7 may 1727. Deffenses aux changeurs en
titre d'office, de faire fonctions de changeurs,
jusqu'à ce qu'ils se soient faits recevoir en
ladite cour. 2 ff. — Arrets du 22 octobre 1729.
Ordonne qu'il ne sera plus payé aux changeurs que quatre deniers pour livre à quelque
distance qu'ils soient au dessus de dix lieues.
2 ff. — Arrest du 1 août 1738. Qui ordonne

que les anciens sols, et les pièces dites de
30 deniers, n'auront plus cours que pour
dix-huit deniers, règle de la quantité de
billion qui pourra entrer dans les payemens.
Défenses d'en exposer et recevoir de fabriques
étrangères. 2 ff. — Ens. 8 pièces in-4 en
feuilles.

174. MUSIQUE. Catalogus der Muziekbiblio-
theek van D. F. Scheurleer. *Gravenhage*,
1893, 2 vol. — Vervolg (1er supplément).
Gravenhage, 1903. — 2 Vervolg (2e supplément) *Gravenhage*, 1910. — Ens. 4 vol. in-8,
fig., cart. toile, non rogn.

On y a joint 5 lettres de l'auteur.

175. NAUROY (Charles). Bibliographie des impressions microscopiques. *Paris*, 1881, in-16,
cart. soie. —Bibliographie des plaquettes romantiques. *Paris*, 1882, in-16, cart. soie. —
Les Secrets des Bourbons. *Paris*, 1882, in-12,
cart. toile. — Ens. 3 vol., non rogn., couv.
cons.

Le premier ouvrage a été tiré à 250 exempl. numérotés (n° 1). Le second est un des 10 exemplaires sur
papier du japon. Ces trois volumes contiennent une
note de la main de M. Nauroy.

176. NOBLESSE. Lorédan Larchey. Costumes

vrais fac-similé de 50 mannequins de cavalier en grande tenue héraldique. *Paris*, 1899, in-8, fig. — Annuaire de la Noblesse publ. par Borel d'Hauterive. 1889, blasons. — Comte E. de Cornulier-Lucinière. Des Généalogies. *Orléans*, 1891. — Gourdon de Genouillac. Nouveau Dictionnaire des ordres de Chevalerie. *Paris*, 1892, fig. — L'Art Héraldique. *Paris, Quantin*. — Vicomte A. de Royer. Y-a-t'il une noblesse française. *Paris*, 1899. — A. de la Nicollière-Teyeiro. Etudes héraldiques. L'Hermine. — Ens. 7 vol. in-8 et in-12, br.

177. NOEL (Octave). Histoire du commerce du Monde depuis les temps les plus reculés. Ouvrage enrichi de planches et de cartes hors texte. *Paris, Plon*, 1891, 3. vol. in-4, br.

Envoi et 3 lettres autogr. de l'auteur.

178. ORFÈVRERIE. Déclaration du Roy portant règlement sur les ouvrages et vaisselles d'or et d'argent. Décembre 1698, 4 ff. — Déclaration du 18 février 1720, concernant la vaiselle d'argent. 2 ff. — Arrest du 3 may 1723. Portant deffenses a tous orfevres de jetter aucunes matière d'or et d'argent en barres ou lingots, qu'elles n'ayent esté bien brassées. 2 ff. — Déclaration du 4 janvier

1724 sur les matières d'or et d'argent. 2 ff. —
Arrest du 17 fevrier 1734. Portant règle-
mens pour l'orfèvrerie. 4 ff. Déclaration du
19 avril 1739, qui prononce des peines
contre ceux qui abuseront des Poinçons de
contremarque de l'orfèvrerie, 2 ff. — Arrest
du conseil d'état du 23 avril 1747, concernant les ouvriers travaillant en or et argent,
qui se retirent dans des lieux privilegiez
(c'est-à-dire les ouvriers se retirant dans les
communautés pour travailler l'or et l'argent
sans licence, cet arret a été pris à propos de
l'affaire des religieuses du couvent de l'Ab-
baye Saint-Antoine-des-champs), 2 ff. — Arrest 18 avril 1690, qui deffend aux marchands et negocians, de vendre aux orfèvres
et affineurs, d'autres lingots, barres ou bar-
retons, que ceux qui auront esté apportez des
Païs Estrangers, 2 ff. — Edit de décembre
1724. Portant rétablissement de six offices
d'affineurs; Sçavoir deux à Paris et quatre à
Lyon, 4 ff. — Déclaration du 21 mai 1746.
Portant règlement pour la fabrication des
galons, et autres ouvrages d'or et d'argent.
2 ff. — Ens. 10 pièces in-4, en feuilles.

179. ORFÈVRERIE. Représentation de quelques
pièces d'orfèvrerie ancienne faisant partie de

la collection de M. le Baron J. P. (Jérôme Pichon). *Paris*, 1878, in-4, 20 pl. demi-rel. chag. brun, non rogn., couv. cons.

180. ORFÈVRERIE. 60 planches d'orfèvrerie de la collection de Paul Eudel pour faire suite aux éléments d'orfèvrerie composés par Pierre Germain. *Paris, Quantin*, 1884, in-4, portr., 60 pl. dess. par Giraldon d'après les pièces, maroq. bleu, fil., dos orné, doublé de maroq. rouge, large dent., tr. dor., étui (*Chambolle-Duru*, 1885).

> Aux armes de Paul Eudel. Exemplaire sur PAPIER DU JAPON. On y a joint 2 portr. de Paul Eudel, grav. par Desmoulins et par Descaves. 5 états du portrait de Mme P. Eudel grav. par A. Masson. Toutes ces pièces d'orfèvrerie portent leurs poinçons et marques, gravés au dessous de chaque objet représenté.

181. ORFÈVRERIE. 60 planches d'orfèvrerie de la collection de Paul Eudel, pour faire suite aux éléments d'orfèvrerie composés par Pierre Germain. *Paris, Quantin*, 1884, in-4, portr. 66 pl. dess. par Giraldon, d'après les pièces, cart. dos et coins toile, non rogn.

> Exemplaire composé de 66 planches, épreuves AVANT LA LETTRE tirées sur PAPIER FORT et 6 épreuves du titre, un portr. de P. Eudel par Descaves.

182. ORFÈVRES. Tableau général de tous les

maîtres et marchands orfèvres joailliers, bijoutiers; maîtres reçus en vertu d'arrêt du conseil et lettres-patentes, privilège des Galeries du Louvre, Manufacture royale des Gobelins, Hôpital de la Trinité et école gratuite de Dessin; le tout avec leurs noms, surnoms et demeures, suivant l'ordre de leurs réceptions audit corps, le 10 décembre 1781. *Paris, Delaguette*, 1782, in-12, bas. marbr.

183. ORFÈVRES. Tableau général de tous les maîtres et marchands orfèvres, joailliers, bijoutiers, batteurs et tireurs d'or, suivant l'ordre de réceptions. Année 1783. *Paris, Delaguette*, 1783, in-12, bas. marbr.

184. ORFÈVRES. Liste de Messieurs les orfèvres, joyailliers, bijoutiers, batteurs et tireurs d'or. Année 1792. *Paris, Delaguette*, 1793, in-12, bas. marbr.

185. ORFÈVRES. Liste des citoyens orfèvres, joyailliers, batteurs et tireurs d'or. Année 1793. *Paris, Delaguette*, 1793, in-12, bas. marbr.

186. ORFÈVRES. Tableau des symboles de l'orfèvrerie de Paris. Contenant la désignation de tous les symboles des Poinçons de toutes

espèces de fabriques d'ouvrages d'or et d'argent, depuis le 1er décembre 1806, jusqu'au 1er septembre 1809, etc. *Paris*, 1809, in-12, fig. de poinçons, bas. marbr.

187. PAGÉ (Camille). La Coutellerie depuis l'origine jusqu'à nos jours. Illustrations de MM. Dangy, Bohy, Eug. Braguier, V. Rose et Dubray, gravées par Ducourtioux, Huillard et Dubray. *Chatellerault*, 1896-1904, 6 vol. in-4, 881 pl., br.

> Tome I. La Coutellerie ancienne. 2e La Coutellerie moderne. 3e La Fabrication. 4e Le Commerce, les ouvriers coutelliers. 5e et 6e La Coutellerie étrangère. Océanie, Amérique, Afrique, Asie, Europe.

188. PICHON (Baron Jérôme). Vie de Charles-Henry Comte de Hoym, Ambassadeur de Saxe-Pologne en France, célèbre amateur de Livres, 1694-1736, publiée par la Société des bibliophiles françois. *Paris*, 1880, 2 vol. in-8, front., fig. mar. brun clair, fil., dos ornés, dent. intér. tr. dor. (*Chambolle-Duru*, 1883).

> Aux armes de Paul Eudel.
> Envoi du Baron Pichon à Paul Eudel.

189. QUENTIN-BAUCHART (E.). Bibliothèque de la Reine Marie-Antoinette, au château des Tuileries. Catalogue authentique publié d'après le manuscrit de la bibliothèque Natio-

nale. *Paris*, 1884, in-16, cart. toile bleue,
non rogn., couv. cons.

> Aux armes de Paul Eudel.
> Envoi et 2 lettres de M. E. Quentin-Bauchart.

190. QUENTIN-BAUCHARD (Ernest). Les Femmes
bibliophiles de France (xvie, xviie et
xviiie siècles). *Paris,* 1886, 2 vol. gr. in-8,
nombr. reprod. de reliures, de chiffres et
d'armes, demi-rel., dos et coins maroq.
orange, dos ornés, têtes jasp., non rogn., couv.
cons. (*Pouillet*).

> Envoi et lettre de E. Quentin-Bauchart. Ex-libris
> Paul Eudel.

191. QUENTIN-BAUCHART. Mes Livres. 1864-
1881. *Paris, Labitte.* 1881, in-12, cart. —
Catalogue d'une petite collection de livres
précieux appartenant A. M. E. Q. B. (Quentin-Bauchart). *Paris, Labitte,* in-12, br. —
A travers les Livres. Souvenirs d'outre-tombe.
Paris, 1895, in-12, br. — Essai de catalogue
descriptif des ex-libris et fers de reliure français anonymes et non héraldiques, par
J.-C. Wiggishoff. *Paris*, 1904, in-8, fig., br.
— Octave Uzanne. Remarques sur quelques
ex-libris contemporains, 18 pages, in-8. —
Ens. 5 vol.

> Envois. On y a ajouté un portrait de M. Quentin-
> Bauchart, grav. par Abot. Lettre de O. Uzanne.

192. RAIBAUD (B.-L.). Traité de la garantie des matières et ouvrages d'or et d'argent. *Paris*, 1825, in-8, 8 pl. demi-rel. chag. brun, tr. peign.

Mouillures aux premiers ff.

193. RAMIRO (Erastène). Catalogue descriptif et analytique de l'Œuvre gravé de Félicien Rops, précédé d'une notice biographique et critique. *Paris, Conquet*, 1887, gr. in-8, front., fig., broch.

Envoi de M. Eug. Rodrigues à Paul Eudel.
Outre les 4 planches hors texte cet exemplaire contient la prime de souscription. La planche gravée par Gaujean d'après Rops. *La Dame au Cochon.*

194. REGNAULT (Henri). Etudes de types espagnols. Croquis originaux à la mine de plomb, avec indication des couleurs au crayon. 17 pièces, dont 2 signées, en un album in-4.

Ces très beaux croquis sont avec les ANNOTATIONS DE COULEUR par Henri Regnault.
On y joindra : Roger-Marx. Henri Regnault, 1843-1871. *Paris, Libr. de l'Art*, s. d. (1886), in-4, fig., cart. demi-toile. Exemplaire auquel on a ajouté une page du MANUSCRIT DE L'OUVRAGE, 10 lettres ou cartes de Roger Marx, 1 lettre de Paul Eudel.

195. REVUE DES ARTS DÉCORATIFS de l'origine 1880 à 1888. *Paris, Quantin*, 1881-1889,

8 vol. in-4, nombr. pl. et fig., demi-rel. mar. vert à long grain, non rogné.

196. Ris-Paquot. Origine et Privilèges de la manufacture royale de Porcelaine de Vincennes et de Sèvres. Suivis de 345 marques et monogrammes avec leurs couleurs. *Paris*, 1878, in-12, cart. toile, non rogn. — Mémoires historiques sur la Manufacture nationale de Porcelaine de France rédigé en 1781, par Bachelier, réédité avec préface et notes par G. Gouellain. *Paris*, 1878, in-12, cart. — L'art de restaurer les faïences, porcelaines, biscuits, terre cuite, grès, émaux, laques, verreries, marbres, etc. Suivi d'une notice chronologique de toutes les fabriques connues, par P. Thiaucourt. *Paris*, s. d., in-12, cart., non rogn., couv. cons. — Ens. 3 vol.

> Envoi de Ris Paquot.
> L'ouvrage de Gouellain est un des 50 exemplaires sur PAPIER DU JAPON.
> Lettre de l'auteur ajoutée.

197. Ris-Paquot. Dictionnaire des poinçons, symboles, signes figuratifs, marques et monogrammes des orfèvres français et étrangers. *Paris*, 1890, in-12, nombr. fig., broch.

> Lettre de M. Ris Paquot à Paul Eudel.

198. Ris-Paquot. Guide pratique du restaurateur-amateur, de tableaux, gravures, dessins, pastels, miniatures, reliures et livres. *Paris*, 1890, in-8, fig. br. — Karl Robert. Traité pratique de l'enluminure des livres d'Heures, Canons d'Autel, Images et gravures selon la méthode des anciens. *Paris*, 1888, in-4, br. — Ens. 2 vol.

   Envois.

199. Roger-Milès. La Bijouterie, 221 grav. *Paris*, 1895, in-12, cart. — Inventaire des bijoux et de l'orfèvrerie appartenant à Mme la Ctesse de Sault, confiés à l'Amiral de Villars et trouvés après sa mort en 1595. Publié par Gaston Le Breton. *Paris*, 1882, in-8, cart. — Nouveau manuel complet du bijoutier, du joaillier, de l'orfèvre et graveur sur métaux, par Malepeyre. *Paris, Roret*, 1855, 2 vol. in-12, fig., cart. — Exposition, 1889. Orfèvrerie. Rapport du Jury par Falize. *Paris*, 1891. — Exposition de 1900. Classe 94. Orfèvrerie, rapport de M. T. J. Armand-Calliat, complété et terminé par H. Bouilhet, Président du Jury. *Paris*, 1902, gr. in-8, 29 planches, broch. — Ens. 6 vol.

200. Roger-Milès. Comment devenir connais-

seur. Meubles et objets d'art anciens, Bijoux
émaux, faïences, cristal, étain, etc. Ouvrage
accompagné de 1337 illustrations. *Paris,
Baranger*, 1906, in-4, en livr.

201. ROSENBERG (Dr Marc). Der Goldschmiede
merkzeichen. 2000 stempel auf älteren goldschmiede arbeiten in fac simile herausgegeben
und erklart. *Francfurt am Main*, 1890,
in-8, br.

Deux Lettres de l'Auteur ajoutées.

202. ROUAIX (Paul). Les Styles, 700 gravures
classées par époques, notices par P., Rouaix.
Paris, 1C36, in-fol., cart., dos et coins toile.

Envoi de l'auteur.

203. ROUAIX. Histoire des Beaux Arts en trente
chapitres. *Paris, Laurens*, 1901, 2 vol. in-8,
490 gravures, br.

Envoi de M. Rouaix.

204. ROUSSET (Alexis). La Société en robe de
chambre. Autographes. Lettres, dessins et
vers publiés par Alexis Rousset. *S. l. (Lyon)*,
1881, in-8, demi-rel. basane bleue, non rogn.,
couv. cons.

Très curieux recueil autographié contenant les des-

sins et les lettres des artistes et auteurs, hommes politiques, etc.

Lettre de Alexis Rousset ajoutée.

205. Scheurleer (D. F.). Het muziekleven in
nederland in de Tweede helft der 18ᵉ eeuw
in verband met Mozart's verbliff aldaar. *Gravenhage, Martinus Nijhoff*, 1909, in-4,
200 grav., cart. toile, non rogn.

Lettre de l'auteur ajoutée.

206. Spire-Blondel. L'art intime et le goût en
France (grammaire de la curiosité). Illustrations de Arents, Bourdin, Fraipont, Genil-
loud, Grivaz, Humbert, Lenoir, Scott, Wal-
ker. *Paris*, 1884, in-4, fig., maroq. rouge
jans., dent. intér., tr. dor., couv. cons.
(*Chambolle-Duru*, 1888).

Aux armes de Paul Eudel.

Un des 25 exemplaires num. sur PAPIER DU JAPON
avec toutes les planches hors texte EN DOUBLE ÉTAT.

207. Uzanne (Octave). Dictionnaire bibliophi-
losophique, typologique, iconophilesque, bi-
bliopegique et bibliotechnique à l'usage des
Bibliognotes, des Bibliomanes et des Biblio-
philistins. *Paris, Imprimé pour les Bibliophiles contemporains*, 1896, in-8, br., emboîtage.

Edition originale de ce Dictionnaire publiée pour

MM. les Sociétaires de l'académie des Beaux livres, Bibliophiles comtemporains, cette société dissoute a établi ce dernier livre avec les fonds de réserve.

Tiré à 160 exemplaires, ornés à chaque page d'encadrements variés et de 21 pl. hors texte dess. par Heidbrinck, Granié, couv. dess. par de Feure. On joindra une couv. dess. par Paul Berthon, pour le même ouvrage mais non utilisée pour l'édition.

208. VEVER (Henri). La Bijouterie française au XIXe siècle. Consulat, Empire, Restauration, Louis-Philippe, 1800-1850. *Paris, Floury*, 1906, gr. in-8, br.

Envoi à M. P. Eudel.

209. VIGEANT. La Bibliographie de l'Escrime ancienne et moderne. *Paris, Impr. Motteroz*, 1882, in-8, broch.

Un des 30 exemplaires sur PAPIER DE CHINE.

210. VIGEANT. La Bibliographie de L'Escrime ancienne et moderne. *Paris, Impr. Motteroz*, 1882, in-8, cart. toile, non rogn., couv. cons.

Aux armes de Paul Eudel.
Deux Lettres de l'auteur ajoutées.
Envoi.

211. VIGEANT. Un maître d'armes sous la Restauration. *Paris, Impr. Motteroz*, 1883, pet.

in-8, portr., vign., demi-rel., dos et coins maroq. brun, dos orné, non rogn.

Deux lettres de l'auteur ajoutées.
Envoi.

212. VIGEANT. Duels de Maîtres d'Armes. *Paris, Impr. Motteroz,* 1884, pet. in-8, portr., cart. toile, non rogn., couv. cons. (*Pouillet*).

Aux armes de Paul Eudel.
Quatre lettres de l'auteur ajoutées.

213. -VIGEANT. L'Amanach de l'Escrime. Dessins de F. Régamey. Eaux-fortes de Ch. Courtry. *Paris, Quantin,* 1889, in-8, fig., br. — Ma collection d'Escrime. Préface d'Emile Gautier, poésie de L. Tiercelin. Dessins de Fr. Régamey. *Paris,* 1892, in-8, br. — Ens. 2 vol., fig.

Envois.

LITTÉRATURE

PUBLICATIONS DE LA SOCIÉTÉ DES CENT BIBLIOPHILES
LIVRES AVEC DESSINS, AQUARELLES ORIGINALES
ET AUTOGRAPHES
EDITIONS ORIGINALES AVEC ENVOIS ET DOCUMENTS
DIVERS

214. **ALBUM** de l'Ile de la Réunion. Recueil de dessins représentant les sites les plus pittoresques et les principaux monuments de la Colonie, par A. Roussin. Texte descriptif et historique par une société de gens de lettres. *Saint-Denis (Ile de la Réunion)*, 1860, 5 vol. in-4, nombr. pl., demi-rel. chag. rouge, tr. peign.

On y joindra Promenade à Salazie. Album composé et dessiné d'après nature par Ch. Mérme et Roussin. *Ile de la Réunion*, 1851, in-fol. oblong, titre, 12 pl. et 10 pp. de texte, demi-rel.

215. **ABOUT** (Edmond). Le Nez d'un notaire.

Paris, Calmann-Lévy, 1886, pet in-8, maroq. citron, tête dorée, non rogn., couv. cons.

Aux armes de Paul Eudel.

De la *Collection Calmann-Lévy*. Un des **25** exemplaires num. sur PAPIER DU JAPON, enrichi de **31** AQUARELLES ORIGINALES de Henry Somm.

216. BALLADES DANS PARIS. Au moulin de la Galette, à l'Hotel Drouot, Sur les quais, Au Luxembourg. Notes inédites par MM. E. R., Paul Eudel, B.-H. Gausseron et Adolphe Retté. *Paris, Impr. pour les Bibliophiles contemporains*, 1894, in-4, fig. br.

Tiré à 160 exemplaires, ornés d'encadrements variés lithogr. par Lunois, 4 pl. hors texte en DOUBLE ÉTAT dess. et grav. par A. Bertrand. couv, illustrée.

217. BÉQUET (Etienne). Marie ou Le Mouchoir bleu. Notice littéraire par Adolphe Racot. 6 compositions par de Sta, grav. par Abot. *Paris, Conquet*, 1884, in-16, fig., cart. toile rose, non rogn.

Aux armes de M. P. Eudel.

Exemplaire sur GRAND PAPIER VÉLIN, avec les figures et les vignettes en **3** ÉTATS dont l'eau forte pure.

218. BLANC (Louis). Histoire de la Révolution

française. *Paris, Furne*, 1869, 12 vol. in-8, demi-rel. veau fauve, tr. jasp.

> Exemplaire avec cette dédicace autogr. de Louis Blanc.
>
> « *L'auteur se rappellera toujours, avec un sentiment de sincère sympathie, que c'est à un patriotique appel du Comité de Nantes, ayant M. Paul Eudel pour organe, qu'il doit d'avoir visité une ville dont il gardera toute sa vie une affectueuse image. Louis Blanc.* »

219. BOMBLED (L.). La moderne épopée, les Boers, Ombres et Scénario. Poème de G. Montoya. Musique de J. Mulder. *Paris,* s. d., in-4, oblong. cart.

> Envoi et importante AQUARELLE ORIGINALE de Bombled sur le faux titre.

220. BONAPARTE. Mémoires secrets sur la vie privée, politique et littéraire de Lucien Buonaparte, Prince de Canino. *Paris,* 1818, in-8, portr., cart., demi-toile, non rogn.

221. BONAPARTE (Prince-Roland). Le Glacier de L'Aletsch et le Lac de Marjelen. *Paris, Imprimé pour l'Auteur,* 1889, in-4, 3 pl. br. — Le premier établissement des Néerlandais à Maurice. *Paris, Imprimé pour l'Auteur,* 1890, in-4, 5 pl., br. — Ens. 2 vol.

> Envois autographes du Prince Roland Bonaparte A M. Paul Eudel. Souvenir amical. Roland Bonaparte.

222. BONAPARTE (Prince Roland). Le Prince Lucien Bonaparte et sa famille. *Paris, Plon,* 1889, in-8, 12 portraits, br. — Assemblées démocratiques en Suisse, mai 1890. — Démocratie en Suisse. Juin 1890. — *Paris, Impr. pour l'Auteur,* 2 vol. in-12, br. — Ens. 3 vol.

Lettre du Prince Roland Bonaparte jointe au premier ouvrage.

223. BORNIER (Henri de). La fille de Roland, drame en quatre actes, en vers. *Paris, Dentu,* 1875, in-8, cart. demi-toile, tête jasp.

Exemplaire composé d'épreuves portant quelques CORRECTIONS MANUSCRITES DE L'AUTEUR et auquel on a ajouté une page autog. sign. de Henri Bornier. *La chanson de Berthe,* 12 vers inédits, supprimés à la répétition générale.

Envoi d'auteur à L. Ulbach sur le faux titre.

224. BOULANGER (Général). 5 vol. et environ 135 pièces relatives au général Boulanger.

Chincholle : Le général Boulanger, manuscrit en partie autographe, 396 ff., cart , recouvert d'étoffe tissée spécialement et ornée en semis, de portraits du général. — Le même ouvrage. *Paris, Savine,* 1889, in-12, même reliure. — Un curieux : Le dossier du Général Boulanger. — Mémoires du Général Boulanger. — Icono-Bibliographie du Général Boulanger (écrit et composé typographiquement par M. Ferrari, tiré à petit nombre).

— 22 cartes ou lettres avec sign. autogr. du Général.
— 3 l. a. s. du Capitaine Driant. Nombreuses notes
manuscrites, etc.

225. CALENDRIER parisien, 1892. Texte par Hugues Le Roux. Treize lithographies par Dillon. *Paris, Conquet,* 1892, br.

> Non mis dans le commerce **2** ÉTATS des lithogr.
> AVANT ET AVEC LA LETTRE.

226. CHAMPFLEURY. Chien Caillou. Fantaisies d'Hiver. *Paris*, 1847, in-12. — Chien Caillou. *Paris, Dentu*, 1878. — La Pasquette. *Paris*, 1881. — Ens. 3 vol. in-12, cart., non rogn., couv. cons.

> Editions originales de Chien Caillou 1847 et de La
> Pasquette. Lettres de Berardi, Poulet-Malassis, nombreuses lettres et notes de l'auteur.

227. CHAMPFLEURY. Les Bourgeois de Molinchart. *Paris, Locard, Dàvi et de Vresse*, 1855, 3 vol. in-8, cart. demi-toile, ébarbés, couv. cons.

> Edition originale.
> Très bel exemplaire avec l'ex libris de l'auteur,
> 1 lettre autographe d'Emile de Girardin, 1 l. a. de A.
> de Pontmartin.
> Lettres de Champfleury, de Jouaust, 1 plainte de
> Champfleury à la Société des Gens de Lettres contre de
> Bry l'éditeur, un jugement du Tribunal sur l'affaire de
> Bry, et enfin le contrat de vente sur papier timbré de

son ouvrage Les Bourgeois de Molinchard à Michel
Lévy.

228. CHAMPFLEURY. Souvenirs des Funambules.
Paris, Lévy, 1859. — Madame Eugenio.
Paris, Charpentier, 1874. — Fanny Mino-
ret. *Paris, Dentu*, 1882. — La Comédie de
l'apôtre. *Paris, Dentu*, 1886. — Ens. 4 vol.
in-32, demi-rel. vél., couv. cons.

> Editions originales. Envois. Lettres et documents
> ajoutés à chaque volume.

229. CHAMPFLEURY. Le Violon de faïence.
Dessins en couleur par M. Emile Renard de
la Manufacture de Sèvres, eaux-fortes par M.
J. Adeline. *Paris, Dentu*, 1877, in-8, fig., br.,
couv. ill., renfermé dans un étui de maroq.
brun, plats ornés de filets à froid encadrant
2 plaques de porcelaine de Sèvres de P.
Avisse et de T. Doat, dos orné, fausses tran-
ches dorées.

> EXEMPLAIRE DE CHAMPFLEURY auquel on a ajouté :
> 1 lettre de P. Avisse, le dessinateur des plaques de
> porcelaines qui ornent la reliure.
> 1 lettre de Jules Adeline.
> 1 dessin original à la plume.
> 13 DESSINS ORIGINAUX, à l'aquarelle dont 1 sign.
> Jules Adeline, d'après des décors de faïences anciennes.
> CURIEUSE BOITE, RELIURE, PIÈCE UNIQUE. LES
> PLAQUES DE PORCELAINE ONT ÉTÉ EXÉCUTÉES SPÉCIA-

LEMENT A LA MANUFACTURE DE SÈVRES, PAR T. DOAT,
D'APRÈS LES DESSINS DE P. AVISSE.

On y joindra : **40** DESSINS ORIGINAUX à la plume,
1 planche d'essai en couleurs, 9 calques de vignettes
et de lettres ornées. 8 lettres de Champfleury, 1 de
Troubat, etc. Les épreuves du texte avec corrections
de Champfleury.

230. CHAMPFLEURY. Documents positifs sur la
vie des frères Le Nain. *Paris*, 1865, in-8,
fig., vél. blanc, non rogn.

Cet exemplaire est accompagné du manuscrit autographe de Champfleury. — Documents sur les Le Nain
recueillis chez des notaires, 11 ff. in-8, écrits par
Midoux. 4 lettres autographes de Antony Valabregue
sur le même sujet, les épreuves en placard avec les
corrections de Champfleury.

231. CHAMPFLEURY. Histoire des Faïences patriotiques sous la Révolution. *Paris, Dentu*,
1867, in-12. — Bibliographie céramique,
nomenclature analytique de toutes les publications faites en Europe et en Orient. *Paris,
Quantin*, 1881, in-8. — Ens. 2 vol. demi-
rel. et cart.

Plusieurs lettres et documents autographes de
l'Auteur.

232. CHAMPFLEURY. Correspondance et notes
de Champfleury relatives à l'*Histoire des
Faïences patriotiques sous la Révolution*,

17 pièces. Projet de couverture, dessin original au crayon et 31 aqu..relles originales non sign., d'après des faïences de la Révolution. Ens. 49 pièces.

On y joindra les épreuves avec corrections de l'Introduction et de la Bibliographie dressée par Champfleury pour *Les Faïences patriotiques nivernaises*.

233. CHAMPFLEURY. L'Avocat Trouble-ménage, comédie en trois actes. S. l. n. d. (1868), in-4, 2 colonnes, titre et 52 ff., imprimés d'un seul côté, cart. toile.

Cette Comédie n'existe qu'à l'état d'épreuves tirées à 12 ou 15 exemplaires non mis dans le commerce.

Une note de Paul Eudel sur le titre dit que « Dumas consulté par Champfleury lui répondit que cette comédie était impossible à jouer. » Lettre autog. d'Ed. Thierry ajoutée.

On y joindra une épreuve du roman, L'Avocat, Trouble ménage publ. en 1870.

234. CHAMPFLEURY. Histoire de l'imagerie populaire. *Paris, Dentu*, 1869, fig. — Histoire de la caricature sous la République, l'Empire et la Restauration. *Paris, Dentu*, s. d. (1874), fig. — Ens. 2 vol. in-8, demi-rel. veau, dos ornés.

Envoi de Champfleury, lettre autographe ajoutée.

235. CHAMPFLEURY. Documents relatifs à l'*His-*

toire de la Caricature, environ 340 pièces, dans un emboîtage.

48 croquis originaux, reproductions de caricatures de toutes les époques, nombreuses notes manuscrites de Champfleury, etc.

On y joindra : Histoire de la caricature sous la Réforme et la Ligue. *Paris, Dentu*, s. d., in-12, fig., cart·
Ex. auquel on a joint 2 l. a. s. et notes man. de Champfleury, 3 ex-libris du même.

Rêves et caprices de l'artiste inconnu, copie manus. avec corrections de Champfleury, accompagnée de 8 dessins à la plume.

236. CHAMFLEURY. Les oiseaux-chanteurs des bois et des plaines, imité de l'Allemand. Introduction par Champfleury, orné de vignettes. *Paris, Rothschild*, 1870, in-8, fig., cart. illust., couv. cons.

Exemplaire sur PAPIER DE CHINE.

237. CHAMPFLEURY. Les Enfants, quatrième édition de luxe avec 90 grav. noires, en couleurs et eaux-fortes. *Paris, Rothschild*, 1873, in-8. Illustr. par Crafty, Anker, Richter, Ribot, Rubens, G. Pilon, Della Robbia, Le Nain, Chardin, etc., demi-rel. vélin blanc, non rog., couv. cons.

Exemplaire de l'Auteur contenant de nombreuses notes de sa main, essais, etc., sur 20 ff., 9 Lettres autographes de Mme la Marquise de Blocqueville, une

l. a. de l'artiste Anker, Accusé réception au secrétaire de l'Académie française du présent livre proposé
pour le prix Montyon. l. a. s. de l'acteur Montrouge
et 30 vignettes ou dess. qui ont été réduits pour servir
à l'illustration de ce livre.

**238. CHAMPFLEURY. Henri Monnier, sa vie, son
œuvre, avec un catalogue complet de l'œuvre et 100 gravures fac-similé. *Paris, Dentu*,
1879, in-8, demi-rel. vél. blanc, non rogn.,
couv. cons.**

Exemplaire de l'auteur, contient de précieux documents ajoutés, 4 lettres autog. s. de Henry Monnier.
6 l. a. s. de Madame H. Monnier, une note bibliographique autogr. de Spoelberg de Lovenjoul, qui complète
ou rectifie le travail de Champfleury, une autre note du
même auteur, copie à la machine à écrire de la Liste
des œuvres littéraires d'Henri Monnier parues dans des
revues, et non réimprimées. Ces deux notes avaient été
offertes gracieusement par le Vicomte Spoelberg de Lovenjoul, pour les insérer s'il était encore temps. L. a. s.
de Dumoulins le grav. avec un portr. de H. Monnier
dess. à la plume. Des notes, des copies faites par
l'auteur d'après H. Balzac, la correspondance de Monnier avec le comédien Ferville. — Le Discours pro-
noncé par Champfleury sur la tombe de Monnier, 2 ff.
in-4, imprimés, et enfin 7 bois tirés à part dont quelques-
uns ne sont pas entrés dans cette édition.

**239. CHAMPFLEURY. Albums, brochures, etc.
20 vol. et broch. in-12, in-8 et in-4, rel. et
br.**

Le Drame amoureux de Célestin Nanteuil, L'ima-

geric satirique en Hollande, Hoffmann et H. Heine.
Anatomie du Laid de Léonard de Vinci, La Céramique
du Nord de la France, Recueil de facéties dess. ayant
appartenu à Catherine de Médicis, Eloge de la Folie,
Les illustrateurs de Livres au xixe siècle.

Les protecteurs des lettres au xixe siècle, Cara-
guez, M. Tringle, Les Bons contes, L'Hôtel des Com-
missaires Priseurs, etc., etc. Lettre a. s. de L. Gonse.
Autographes de Champfleury.

240. CHAMPFLEURY. Œuvres posthumes. Salons,
1846-1851, introduction par Jules Troubat.
Paris, Lemerre, 1894, in-12, broch., étui.

> Il a été tiré deux exemplaires sur PEAU DE VÉLIN,
> l'un le n° 2 pour M. Paul Brenot et celui-ci, n° 1 pour
> M. Paul Eudel.

241. CHAMPFLEURY, inédit, par Paul. Eudel.
Niort, Clouzot, 1903, in-12, papier de Hollande, demi-rel. dos et coins de maroq. bleu,
tête dorée, non rog., couv. cons. (*Canape*).
— Champfleury et la pantomime, par Paul
Eudel. *Paris, Kolb*, 1892, 2 exempl. dont 1
sur papier du Japon et l'autre sur papier bleu,
en 1 vol. in-8, maroq. brun, tête dorée, non
rogn., couv. cons. (*Ch. Meunier*). Ens. 3 ouvrages en 2 vol.

> Chaque ouvrage est tiré à 2 EXEMPLAIRES numérotés.
> On ajouté au premier volume :
> Les fac-similé de deux lettres de Champfleury, avec

encadrement et vignettes en couleur, en triple et double état :

L'affiche de la vente de la propriété des œuvres de Champfleury.

Les tirages d'essai de deux eaux-fortes de Marie Champfleury dont une en 4 états.

L'ex-libris de l'écrivain gravé par Aglaüs Bouvenne.

Une caricature du même, par Gilbert Martin, en couleur.

242. CHAMPSAUR (Félicien). Lulu. Pantomime en un acte. *Paris, Dentu*, 1888, dess. en couleurs de Cheret, Gerbault, Morin. — Les Ereintés de la vie. *Paris*, 1888, illust. de Gerbault. — Ens. 2 vol. in-8, cart., couv. cons.

Premier tirage.

243. CHANSONS populaires des provinces de France. Notices par Champfleury, accompagnement de piano par J. B. Wekerlin. Illustrations par MM. Bida, Bracquemond, Courbet, etc. *Paris, Lécrivain et Toubon*, 1860, gr. in-8, fig., cart. demi-toile, non rog., couv. cons.

Premier tirage, avec le titre et la couverture de Lecrivain et Toubon.

Exemplaire auquel on ajouté : Une longue et curieuse lettre autog. signée de Gabriel Vicaire, le poète des *Emaux Bressans*, adressée à Champfleury, 1857, 3 pp. in-8.

« Il y a près de cinq ans, je me suis permis de vous
écrire dans un moment de désespoir amoureux pour
vous demander des consolations.... Je viens de lire
dans *Le Réalisme* votre article sur les chansons populaires.... Je me permets de vous adresser la copie
d'une chanson berrichonne que j'ai entendue chan-
ter, etc.

2 l. a. s. de Wekerlin.

3 l. a. de Jean-François Bladé, folkloriste distingué,
auteur de plusieurs ouvrages sur les contes et chansons populaires du midi de la France. 11 pp. in-8.

Très intéressantes lettres relatives à ses travaux
d'érudition et à la publication de Champfleury.

Copies manuscrites de chansons populaires.

Notes autog. de Champfleury. A la suite : articles
de journaux relatifs à un différend entre Champfleury
et Wekerlin, la couverture de la 8e livraison du *Juif
Errant*, d'Eugène Süe, ill. par Gavarni, contenant
2 complaintes, et *La Grande Pauline*, pièce rarissime,
1 f. in-4, portant imprimée la mention suivante :
*Champfleury, Paris 26 mai 1850. Composé et tiré par
moi à vingt exemplaires. Laon, 7 décembre 1850.*

244. CHAT NOIR. L'Album du Chat noir. 8 fas-
cicules en un vol. in-fol., cart. toile, non
rog., couv. cons.

Collection des Albums du chat noir, avec envoi de
Rodolphe Salis à Paul Eudel.

On y joint un carton contenant divers documents
sur le Chat noir. Épreuves d'articles de Paul Eudel,
un historique du cabaret, copie à la machine à écrire ;
correspondance de Albert Quantin pour les articles
parus dans le *Monde Moderne*, 2 aquarelles de Comba,

7 Lettres autographes de Rodolphe Salis, 2 de Léandre.
Programmes, Affiche de l'Epopée et l'Affiche de Salis
pour les Elections de mai 1884.
Qu'est-ce que Montmartre? — Rien.
Que doit-il être? — Tout.

245. CHINCHOLLE (Charles). Alexandre Dumas
aujourd'hui, avec photographies par Pierre
Petit. *Paris, Jouaust,* 1869, in-8, 6 photogr.,
cart., dos et coins toile, couv. cons.

Cet exemplaire contient une très intéressante lettre
autographe de Ch. Chincholle, sur l'amitié qui exis-
taient entre lui et Al. Dumas, leurs débuts en littérature, 2 fragments du manuscrit de cette brochure, le
prospectus de l'ouvrage et 6 photographies, portraits d'Alexandre Dumas père, du Général Dumas,
Mme Dumas mère, M. Marie Alex. Dumas et 2 portraits
de Alex. Dumas fils.

246. CHINCHOLLE (Charles). Le Mari de Jeanne.
Paris, Dentu, 1872, in-12. — La Grande
prêtresse, roman parisien. *Paris, Libr. mondaine,* 1887, in-12. — Ens. 2 vol. br.

Edition originale, une carte et une lettre autographe
de Charles Chincholle ajoutées.

247. CHINCHOLLE (Charles). Les Phrases courtes.
Paris, Pignard, 1873, in-16, rel. vélin blanc,
filets rouge sur les plats, dos orné, non rog.

Edition originale avec la dédicace suivante sur le
faux titre *A mon cher ami Paul Eudel le Maître collectionneur, cette première édition depuis longtemps raris-*

sime des Phrases courtes, ma brochure préférée que Molleroz est en train de réimprimer dans le même format que les Pensées de Tout le Monde ressuscitées l'an dernier (1890). Poignée de main. C. Chincholle.

248. CHINCHOLLE (C.). Les Pensées de tout le monde. *Paris, Quantin,* 1890, in-18, texte, encadr. d'un filet rouge et sur les marges un dess. formé des réseaux de tulle impr. en or. — Les Phrases courtes. *Paris, Quantin,* 1891, in-18, texte encadr. de dess. de Paul Seman. — Ens. 2 vol. in-18, br.

Exemplaire numéroté (17) du premier ouvrage, avec la dédicace *A mon excellent ami.* Le second porte la dédicace A Paul Eudel *en petit témoignage d'une grande amitié.*

On y joindra les épreuves, la réédition des Pensées de tout le monde, avec de nombreuses corrections, Lettre de Chincholle, in-8, cartonné.

249. CHINCHOLLE (Charles). Le Catalogue de l'amour. *Paris,* 1881. — Les jours d'Absinthe. *Paris,* 1885. — La Grande prêtresse. *Paris,* 1887. — Femmes et rois. *Paris,* s. d., — Les Mémoires de Paris. *Paris,* 1889. — — Paula. *Paris,* 1889, 2 vol. — 7 vol. in-12, cart., non rogn., couv. cons.

Éditions originales, nombreuses lettres autographes ajoutées, envois. Un des deux exemplaires de Paula est à l'état d'épreuves, avec corrections de l'auteur.

250. CLARETIE (Jules). La Canne de M. Michelet. Promenades et souvenirs. Préface par Alfred Mézières, douze compositions de P. Jazet, gr. à l'eau-forte par H. Toussaint. *Paris, Conquet*, 1886, gr. in-8, fig., maroq. rouge, filets et large dentelle, dos orné, dent. intér., tr. dorées sur brochure, couv. cons. *(Chambolle-Duru).*

Aux armes de Paul Eudel.

Un des 150 exemplaires num. sur GRAND PAPIER VÉLIN, avec DEUX ÉTATS des planches : avant et avec la lettre.

Exemplaire dont le faux titre est enrichi d'une longue note autog. sign. de Jules Claretie à Paul Eudel relative à la conception de l'ouvrage, et d'une AQUARELLE ORIGINALE de P. Jazet, l'illustrateur du livre.

On y ajouté 2 lettres autog. sign. de J. Claretie, adressées à René Delorme, dont une datée du 6 mars 1876. 5 pp. in-8, est particulièrement intéressante. L'auteur de *Brichanteau* y trace un résumé de ses souvenirs littéraires sur Michelet, Sainte-Beuve, Hugo, etc.

251. CLARETIE (Jules). La Vie à Paris. *Paris, Havard*, 1880-1885, 5 vol. in-12, cart. toile, non rogn., couv. cons.

Années 1880-1882-1883-1884-1885. 2 vol. sont en édition originale. 16 lettres autog. de J. Claretie jointes.

252. Claretie (Jules). Le Drapeau. *Paris, Calmann-Lévy,* 1886, pet. in-8, fig., demi-rel., dos et coins de maroq. bleu, dos orné, tête dorée, non rog., couv. cons. (*Allo*).

De la *Collection Calmann-Lévy.*

Exemplaire auquel on a ajouté la suite complète de 1 frontispice et 12 vignettes dessinés par Kauffman, gr. à l'eau-forte par Clapès.

Très intéressant envoi autog. sign. de Jules Claretie, 1 p. in-8, où l'auteur indique à Paul Eudel la genèse de l'ouvrage.

253. Clère (Jules). Les Hommes de la Commune. Biographie complète de tous ses membres. *Paris, Dentu,* 1871. in-12, demi-rel. maroq. grenat, dos orné, tr. peigne (*Lemardeley*).

Envoi de Jules Clère à Paul Eudel.

On a ajouté à cet exemplaires, 16 lettres ou documents autographes des membres de la commune.

Le Docteur Rousselle, Benj. Colin, Maria La Cécilia, Beslay, J.-B. Clément, un important document de Cluseret justification de sa conduite pendant la commune, 10 pages in-8, 5 pièces de J. Miot, Félix Piat, Vésinior.

254. Clouzot (Henri). Le Miracle des blés. *Niort,* 1898. — B. Gautier et ses paysans. *Niort,* 1899. — Le Théâtre à Fontenay-le-Comte pendant la Révolution jusqu'en 1806. *Fontenay-le-Comte,* 1899. — Le Sillon,

pièce en 3 actes. *Niort*, 1901. — L'Ancien
Théâtre en Poitou. *Niort*, 1901. — Une dra-
gonnade en Poitou en 1691. *Paris*, 1903. —
Ens. 6 vol. en plaq., br.

Envois.

255. CORHUMEL. Journal de marche du Capitaine Corhumel à Madagascar, 1895. *Mesnil
sur l'Estrée, Firmin-Didot*, 1896, in-8, br.

Exemplaire sur PAPIER DU JAPON. Livre non mis
dans le commerce.
Avec quatre lettres a. s. du Capitaine Corhumel.

256. COURONNE DE LIERRE (La). Poésie, Musique, Prose, publié par « Le Crayon, » Société d'illustrations. *Paris, Mouillot*, 1902,
in-8, fig., br., étui.

Ce livre établi pour une bonne œuvre est illustré
par Luc Olivier Merson, Jeanniot, Lepère, Giraldon,
Morin, Robida, Renouard, Vierge, Vogel, etc., etc.
Texte par Goudeau, Clovis Hugues, Mallarmé, Marcelle
Tynaire, Coppée, Jean Dolent, Camille Pelletan, Mon-
torgueil, etc., etc. Musique de G. Fabre, G. Fraipont,
E. Pessard, Gabr. Pierné.

257. DARC (Daniel). Petit Bréviaire du Parisien. *Paris*, 1883. — Sagesse de poche. *Paris, Ollendorff*, 1885. — Voyage autour du
bonheur. *Paris*, s. d. — Ens. 3 vol. in-16 et

in-12, cart. toile, non rog., couv. cons.

Edition originale, envois, 5 l. a. s. de Daniel Darc
(M. Régnier).

258. DAUDET (Alphonse). Sapho, mœurs
parisiennes. *Paris, Charpentier*, 1884, in-12,
mar. bleu, trois filets, dos orné, dent. intér.,
tr. dor. (*Chambolle-Duru*, 1885).

Aux armes de Paul Eudel.
Edition originale. Un des 40 exemplaires num. (nº 5),
sur PAPIER DU JAPON.
Précieux exemplaire auquel on ajouté le FEUILLET
31 DU MANUSCRIT autographe de A. Daudet ainsi qu'une
lettre de ce dernier annonçant l'envoi de ce feuillet.

259. DEMESSE (Henri). Les Récits du Père La-
louette, illustrations par A. Bertrand, Bigot,
Giacomelli, Lançon, Maur. Leloir, Ed. Morin. H. Pille, Daniel Vierge. *Paris*, 1882,
in-4, br., couv.

Exemplaire sur PAPIER DE HOLLANDE. L'auteur a,
d'une écriture très fine, couvert le faux titre, faisant
pour M. Paul Eudel l'historique de son livre qui se
trouve être en même temps l'histoire de ses débuts
dans le journalisme et la littérature, c'est une belle
page très spirituelle.
Déchirure à la couverture.

260. DÉROULÈDE (Paul). Chants du soldat.
Paris, Calmann-Lévy, 1878, in-12, maroq.

tricolore, bleu, blanc, rouge, têle dorée, non rogn., couv. cons.

> Aux armes de Paul Eudel. Exemplaire imprimé sur PAPIER DE HOLLANDE, enrichi sur les faux titres des poésies de 22 AQUARELLES ORIGINALES de H. de Sta.

261. DOLENT (Jean). Une Volée de Merles. *Paris, Dentu,* 1862, in-12, br.

> Edition originale. Envoi.

262. DOLENT (Jean). Le Roman de la chair. 100 dessins de Hadol. *Paris, Cournol,* 1866, in-12, br., couv.

> Edition originale. Envoi.

263. DOLENT (Jean). L'Insoumis, roman. Eau-forte par E. Millet. *Paris, Cournol,* s. d. (1871), in-12, br., couv.

> Edition originale. Envoi.

264. DOLENT (Jean). Petit Manuel d'art à l'usage des ignorants. La peinture, la sculpture. Six eaux-fortes par E. Millet. *Paris, Lemerre,* 1874, in-12, fig., cart. toile, non rogn., couv. cons.

> Aux armes de Paul Eudel.
> Envoi et lettre de Jean Dolent.
> On y a joint un fragment du Journal des Artistes de 1892 contenant le texte de la première conférence artistique du Louvre, faite par Jean Dolent.

265. DOLENT (Jean). Le Livre d'art. Des femmes, peinture, sculpture. Eau-forte par Ribot. *Paris, Lemerre,* 1877, in-12, front., cart. toile, non rogn., couv. cons.

> Aux armes de Paul Eudel.
> Edition originale. Envoi.
> Deux cartes de l'auteur avec quelques lignes de sa main.

266. DOLENT (Jean). Amoureux d'Art. Portrait de l'auteur par Bracquemond, eau-forte par Eugène Carrière. *Paris, Lemerre,* 1888, in-12, fig., demi-rel., dos et coins maroq. violet, non rogn., couv. cons.

> Edition originale. Envoi. Carte de l'auteur avec quelques mots.
> Eaux-fortes de Carrière et de Bracquemond.

267. DOUMER (Paul). Livre de mes fils. *Paris, Vuibert et Nony,* 1906, in-8, br.

> Edition originale. Envoi de M. Paul Doumer.

268. EUDEL (Paul). Pornic et Gourmalon. *Nantes,* 1884, in-12, cart., dos et coins toile.

> Cette brochure a été tirée à 150 EXEMPLAIRES et n'a pas été mise en vente.
> Cet exemplaire est orné de 12 très beaux DESSINS ORIGINAUX à la mine de plomb avec réhauts de blancs par H. Chouppe, représentant des vues de Pornic. Place du Port. Plage de la Sablière. Le Jardinet. Le

Château, Ste-Marie, Dolmens sur les hauteurs de Pornic. Hôtel de France, Noveillard, La Source. La Terrasse. Vue générale de Pornic. Bains du Jardinet.

269. EUDEL (Paul). Constantinople, Smyrne et Athènes. Journal de voyage. Illustrations, de Frédéric Régamey et Ad. Giraldon. *Paris, Dentu*, 1885, gr. in-8, fig., rel. souple en maroq. rouge jans. à recouvrement, non rogn., couv. cons.

> Exemplaire imprimé sur PAPIER WHATMAN, enrichi dans les marges de 35 AQUARELLES ORIGINALES par FRÉDÉRIC RÉGAMEY, ces compositions sont très belles et très intéressantes. On y a joint : Le tirage à part de 7 figures, épr. sur papier de Chine avec la lettre manuscrite, 2 lettres et 1 carte de Frédéric Régamey, 1 lettre de Paul Eudel, 1 carte d'entrée, délivrée par la Sublime Porte pour visiter la mosquée de Suleymanie.

270. EUDEL (Paul). Les Ombres Chinoises de mon père. *Paris, Rouveyre*, s. d. (1885), gr. in-4, port. et nomb. fig., maroq. vert foncé, dent. intér., tr. dorées sur brochure, couv. ill., cons. (*Chambolle-Duru*).

> Aux armes de Paul Eudel.
>
> Exemplaire imprimé pour l'auteur, sur PAPIER DU JAPON, contenant une double épreuve du frontispice : sur Japon et sur Chine, et auquel on a ajouté 4 portraits grav. à l'eau-forte par Desmoulin et Descaves, dont 2 sur Japon et 1 sur Whatman.

271. EUDEL (Paul). Les Ombres Chinoises de mon père. *Paris, Rouveyre*, s. d. (1885), in-4, fig., rel. souple, maroq. brun, non rogn., couv. ill. cons. (*Pierson*).

> Aux armes de Paul Eudel.
> Un des 25 exemplaires num. sur PAPIER WHATMAN, enrichi de 19 IMPORTANTES ET CURIEUSES COMPOSITIONS ORIGINALES en noir par Mlle A. Im-Hof. 2 lettres de cette artiste et 2 portraits ajoutés.

272. EUDEL (Paul). Les Ombres Chinoises de mon père. *Paris, Rouveyre*, s. d. (1885), gr. in-4, nombr. fig., cart. toile, non rogné, couv. cons. (*Pierson*).

> Aux armes de Paul Eudel.
> Un des 10 exemplaires imprimés sur PAPIER DE CHINE.

273. EUDEL (Paul). L'Argot de Saint-Cyr. *Paris,* 1893, in-16, mar. bleu, fil. dor., listel de mar. rouge et blanc, branche de laurier sur un angle, dos orné, pièce de titre tricolore, tête dor., non rogn.

> Un des 5 exemplaires sur PAPIER DU JAPON.

274. EUDEL (Paul). Polichinelle et la mort. *Paris*, 1893, maroq. vert. jans., dent. intér., tr. dor. (*Ch. Meunier*). — Le Clavecin. *Paris,* 1893, veau gris. — Lucette. *Paris,* 1894, 2 exemplaires. Edition avant et après les

rectifications, maroq. et cart. — La Belle
au bois, opéra comique. *Paris,* 1899, cart.
— Ens. 5 vol. in-12.

> Polichinelle tiré à 2 ex. sur PAPIER DU JAPON. Le
> Clavecin tiré à 3 sur HOLLANDE. Lucette tiré à
> 2 sur JAPON. La belle au bois tiré à 2 sur PAPIER BLEU.

275. EUDEL (Paul) et Evariste Mangin. Musique
de Adolphe David. La Statue du Comman-
deur représentée pour la première fois au
Cercle funambulesque. *Paris, Heugel,* s. d.
(1893). in-4, chag. grenat., non rogn., couv.
cons.

> Aux armes de Paul Eudel.
> Partition originale ornée de 4 importantes AQUARELLES
> ORIGINALES DE CHARLES LAPIERRE.
> On y ajoutera 2 livrets, impressions différentes.

276. EUDEL (Paul). Polichinelle et la mort.
Paris, 1893, cart. — Lucette. *Paris,* 1894, 2
exemplaires. Edition avant et après les rectifications. — Double épreuve. *Paris,* 1894,
cart. — La Belle au bois dormant. *Paris,*
1899, mar. rose jans., dent. intér.. tr. dor.
(*Chambolle-Duru*). — Ens. 5 vol. in-12.

> Polichinelle a été tiré à 2 EXEMPLAIRES SUR PAPIER
> VERT. Les 2 Lucette, Double méprise et La belle au
> bois, exemplaires UNIQUES tirés sur PAPIER ROSE.

277. EUDEL (Paul). A la Bourboule. *Paris,*

Ollendorff, 1894, in-18, br. — La Bourboule
à vol d'oiseau. *La Bourboule*, 1891, plaq.
in-12, cart. — Bibliographie de Royat. *Paris, Le Soudier*, 1906, in-12, demi-rel., dos
et coins de maroq. brun, dos orné, tête do-
rée, non rog., couv. cons. (*Pouillet*). — Ens.
3 vol.

Le premier volume est un des 2 exemplaires num.
sur papier whatman, la *Bibliographie de Royat*, un
ex. unique sur papier rose.

278. EUDEL (Paul). A la Bourboule. *Paris,
Ollendorff*, 1894, in-18, maroq. rouge, dent.
intér., tête dorée, non rogn., couv. cons.
(*Ch. Meunier*). — La Bourboule à vol. d'oiseau. *La Bourboule*, 1891, plaq. in-12, cart.
— Lâchez tout, nouvelle. Une noce villa-
geoise. L'Enigme, nouvelle. *La Bourboule*,
1891, 3 plaq. en 1 vol. in-12, cart. toile
(*Pouillet*). — Bibliographie de Royat. *Paris*, 1906, cart. — Ens. 6 ouvrages en 4 vol.
rel. et cart.

Le premier volume est un des 2 exemplaires imprimés sur papier du Japon, les autres, sauf le dernier,
sont tirés à quelques ex. seulement sur papier de couleur.

279. EUDEL (Paul). Mosaïque. *La Bourboule*,
1895, in-16, mar. bleu jans. doublé de ma-

roq. rouge, large dent., garde de soie, tr. dor. (*Noulhac*).

> Aux armes de Paul Eudel.
> Tiré à TRENTE exemplaires pour mes amis et les amis de mes amis, cette mention est imprimée au verso du titre.

280. EUDEL (Paul). Un peu de tout, préface par Olivier de Gourcuff. Tome I. *Paris*, 1896, in-12, portr. mar. vert, jans. souple à recouvrement, tête dor., non rogn., couv. cons.

> Aux Armes de Paul Eudel. Un des DEUX exemplaires sur PAPIER DE HOLLANDE. Orné de 71 DESSINS ORIGINAUX à la plume et à l'aquarelle par Grand-Jouan. Lettre autographe de cet artiste ajoutée.

281. EUDEL (Paul). Un peu de Tout. Préface par Olivier de Gourcuff. *Paris*, 1896-1905, 2 vol. in-12, maroq. bleu, trois fil., dos ornés dent. intér., tr. dor., couv. cons. (*Chambolle-Duru*, 1906).

> Aux Armes de P. Eudel.
> Un des DEUX exemplaires tirés sur PAPIER DU JAPON. Sur le premier feuillet de la préface une aquarelle originale de LOUISE ABBEMA. Le format des volumes est différent.

282. EUDEL (Paul). Journal de Bord de mon frère Emile. *Savenay*, 1897, in-4, maroq.

bleu, trois filets, dos orné, dent. intér., tr. dor., couv. cons. (*Chambolle-Duru*).

Aux Armes de Paul Eudel.
Un des **2** exemplaires sur PAPIER DE HOLLANDE.

283. EUDEL (Paul). Poètes Bretons inconnus. Alexandre Legros. *Vannes*, 1897, in-8, mar. bleu, 3 filets, dos orné, dent. intér., tr. dor., couv. cons. (*Noulhac*).

Exemplaire unique tiré sur papier du Japon.

284. EUDEL (Paul). Le Mort récalcitrant. Illustrations de Falcoyano. Ombres animées en un acte. *Paris, Sapin*, 1898, in-4 oblong, fig., cart. maroq. rouge, tête dorée, non rogn., couv. cons.

Aux armes de Paul Eudel.
Exemplaire imprimé sur PAPIER DU JAPON.

285. EUDEL (Paul). A travers la Bretagne. *Paris*, 1898, in-12, demi-rel., dos et coins maroq. grenat, tête dor., non rog., couv. cons. (*Canape*).

Exemplaire UNIQUE tiré sur PAPIER BLEU.

286. EUDEL (Paul). Théâtre avec une préface de Jules Claretie. *Paris*, 1903, in-12, mar. vert, 3 filets, dos orné, dent. intér., tr. dor., couv. cons. (*Chambolle-Duru*, 1904).

Aux Armes de Paul Eudel.

Exemplaire UNIQUE tiré sur PAPIER DU JAPON.

On y a joint une épreuve en placard de la préface avec de nombreuses corrections de la main de M. Jules Claretie.

287. EUDEL (Paul). Théâtre avec une préface de Jules Claretie. *Paris*, 1903, in-12, demi-rel., dos et coins maroq. bleu jans., tête dor., non rogn., couv. illustr. cons. (*Canape*).

Un des 4 exemplaires sur GRAND PAPIER à bras. On y a joint un croquis du dess. de la couverture par A. Giraldon.

288. EUDEL (Paul). Mes vingt-et-un jours à la Bourboule. *Niort, Clouzot*, 1903, in-12, fig., maroq. bleu, filets, dos orné, dent. intér., tr. dorées sur brochure, couv. cons. (*Chambolle-Duru*).

Aux armes de Paul Eudel.

Un des 2 exemplaires num. sur PAPIER ROSE (n° 1).

289. EUDEL (Paul). D'Alger à Bou-Saada. Illustrations de H. Eudel. *Paris*, 1904, in-12, demi-rel. mar. bleu, dos et coins, tête dor., non rogn., conv. cons. (*Canape*).

Un des DEUX exemplaires tirés sur PAPIER BLEU.

290. EUDEL (Paul). Le Colonel de Moucheron. *Niort, Clouzot*, 1905, in-12, portr. et fig. maroq. bleu, cinq filets, dos orné, dent. intér.

tr. dor., couv. cons. (*Chambolle-Duru*, 1906).

> Aux armes de Paul Eudel.
> Exemplaire UNIQUE tiré sur papier du Japon.
> On y joindra un exemplaire sur papier ordinaire dont le tirage était de 50 ex. numérotés.

291. EUDEL (Paul). Vocabulaire Blésois. *Blois*, 1905, in-12, texte, encad. d'un filet rouge, maroq. bleu fil., dos orné, dent. intér., tr. dor., couv. cons. (*Chambolle-Duru*).

> Aux Armes de Paul Eudel.
> UNIQUE exemplaire tiré sur PAPIER DU JAPON. On y joindra Adrien Thibaut. Glossaire du pays Blaisois. *Blois, chez l'auteur*, in-8, cart.'

292. EUDEL (Paul). La Hollande et les Hollandais. Impressions de voyage. Mœurs et coutumes. Histoire et anecdotes. Villes et rues. Musées et Monuments. *Paris*, 1906, in-12 portr. de la Reine, maroq. orange, trois fil., dos orné, dent. intér., tr. dor., couv. cons. (*Chambolle-Duru*, 1908).

> Aux Armes de Hollande.
> Un des DEUX exemplaires tirés sur PAPIER DU JAPON.

293. EUDEL (Paul). La Hollande et les Hollandais. *Paris*, 1906, in-12, port. br.

> Exemplaire UNIQUE tiré sur PAPIER ROSE.

294. EUDEL (Paul). La Hollande et les Hollandais. *Paris*, 1906, in-12, portr., br.

Exemplaire UNIQUE tiré sur PAPIER BLEU.

295. EUDEL (Paul). Fantaisies rimées. *Blois*, 1909, in-12, maroq. bleu, trois fil., dos orné, dent. intér., tr. dor., couv. cons. (*Chambolle-Duru*).

Aux Armes de Paul Eudel.
Exemplaire UNIQUE tiré sur PAPIER DU JAPON.
Ce volume n'a été tiré qu'à 25 exemplaires numérotés sur papier ordinaire plus l'exemplaire ci-dessus.

296. EUDEL (Paul). Hivernage en Algérie. Illustrations de H. Craponne Eudel. *Paris*, 1909, in-12, br.

Exemplaire UNIQUE tiré sur papier bleu.

297. FABRE (Ferdinand). L'Abbé Tigrane candidat à la Papauté. *Paris, Lemerre*, 1873, in-12, br.

Edition originale.
Dédicace de 10 lignes à Paul Eudel, signée et datée 1888.

298. FLORIAN. Fables choisies de J. Claris de Florian, illustrées par des artistes japonais sous la direction de P. Barboutau. *Tokio, Imprimerie Shueisha*, s. d., 2 vol. de format analogue aux pet. in-8, br., couv. illust.

299. GONCOURT (Jules de). Lettres de Jules de
Goncourt. Fac-similé de lettre. Portrait d'a-
près un émail de Claudius Popelin gravé
par Abot. *Paris*, 1885, in-12, cart. toile,
non rogn., couv. cons. (*Pouillet*).

> Aux armes de Paul Eudel.
> Edition originale avec l'envoi suivant de Edmond de
> Goncourt.
> *A M. Paul Eudel, hommage d'un collectionneur à un
> collectionneur.*

300. GONCOURT (Edmond et Jules de). L'Italie
d'Hier. Notes de voyages 1855-1856. Entre-
mêlées des croquis de J. de Goncourt. *Paris,
Charpentier*, 1894, in-12, br.

> Edition originale.

301. GOURCUFF (Olivier de). Le Rêve et la vie.
Paris, 1890. — Les Noces sanglantes. Drame
Nantais. *Paris*, 1890. — Sur la route. *Paris*,
1895. — Gens de la Bretagne 1900. — Dans
la vie 1909. — Son Altesse la Guillotine.
Drame Nantais. Feuilleton du Réveil matin,
25 numéros. — Ens. 6 vol. et 25 plaquettes
pièces de théâtre, pièces en vers et en prose, etc.

> Envois.

302. GRAND-CARTERET (J.). Les Mœurs et la

Caricature en Allemagne, en Autriche, en Suisse, avec préface de Champfleury. *Paris, Westhauser*, 1885, in-4, 4 pl. en couleur, 19 pl. hors texte 314 vignettes, demi-rel. mar. grenat, non rogn., couv. cons.

Cet exemplaire contient trois projets de Préfaces, Autographes de Champfleury, 3 lettres de l'auteur, un envoi illustré, l'Affiche et la bande vient de paraître illustrée.

303. GRAND-CARTERET (J.). Les Mœurs et la Caricature en France, 8 planches en couleurs, 36 planches hors texte, 500 illustrations dans le texte. *Paris, Librairie illustrée, s. d.*, in-4, demi-rel., dos et coins maroq. orange, non rogn. (*Pouillet*). — Jean Berleux (Quentin-Bauchart). La Caricature politique en France pendant la guerre, le siège et la commune. 1870-1871. *Paris*, 1890, in-8, fig., br. — Ens. 2 vol.

Envois. Ex-libris P. Eudel.

304. GRAND-CARTERET (John). La France jugée par l'Allemagne. *Paris*, 1886. — Richard Wagner en caricatures. *Paris*, 1891, 130 reprod. de caricatures. — Crispi Bismarck et la Triple-Alliance, en caricatures. *Paris*, 1891, 218 vign. — Ens. 4 vol. in-12, 3 br., 1 rel.

Envois à chaque volume. 1 lettre de l'auteur.

305. GRAND-CARTERET (John). Raphaël et Cambrinus ou l'Art dans la Brasserie. *Paris, Westhauser*, 1886, in-12 carré. Front. de Marcellin Desboutin, illustr. de Pille Jeanniot, Dantan, Mars, Fau, etc. *Paris*, 1886. — Les Pensées d'un gamin de Paris, par un écrivain pas bégueule mais antipornographe. *Paris*, 1888, in-12, dess. de Coll-Toc, Fau, Viollier. — Ens. 2 vol. cart. toile, aux armes de Paul Eudel.

> Éditions originales. Envois. 3 lettres de l'auteur ajoutées.

306. GUEULETTE (Ch.). Répertoire de la Comédie française. *Paris*, 1885-1892, 8 vol. in-18, portraits, br.

> En tête de chaque volume l'auteur a écrit sur une page de garde pour M. Paul Eudel une petite étude où il donne libre essort à sa pensée sur le caractère et sur le talent des éminents artistes de la Comédie française.
>
> A la question comment lui vint à la pensée de faire ces répertoires, il répond. « *Parce que j'aime la Comédie française et que rien n'est plus doux que de faire de l'objet aimé sa préoccupation quotidienne.* »

307. HALÉVY (Ludovic). La Famille Cardinal. *Paris, Calmann-Lévy*, 1883, pet. in-8, cart. maroq. rouge, non rogn., couv. cons.

> Aux armes de Paul Eudel. De la *Collection Cal-*

mann-Lévy. Un des 50 exemplaires num. sur PAPIER DU JAPON, enrichi, en frontispice, d'une IMPORTANTE AQUARELLE ORIGINALE de H. de Sta, et sur les faux-titres et les marges de **34** CHARMANTES AQUARELLES ORIGINALES de H. Dillon.

3 lettres autog. sign. de Ludovic Halévy et une lettre du dessinateur Dillon ajoutées.

308. HARAUCOURT (Edmond). L'Effort. La madone. L'Antechrist. L'Immortalité. La fin du monde. *Paris, Les Bibliophiles contemporains*, 1894, in-4, broch., étui.

Exemplaire numéro 56 tiré pour M. Paul Eudel. Titre et justification du tirage dess. par L. Rudnicky.

La Madone, illustré de lithographies en couleurs dess. sur pierres à repérage, par Alex. Lunois. L'Antechrist illustré par Eug. Courboin. L'Immortalité illustré par Carloz Schwabe. La fin du monde illustré par Alex. Seon.

309. HAUTPOUL (La Comtesse d'). Encyclopédie de la jeunesse ou abrégé de toutes les sciences. *Paris, Vernarel*, 1825, veau violet cathédrale à froid sur les plats, dos orné, tr. dor. — L'Ecolier ou Raoul et Victor, par Mme Guizot. *Paris, Dentu*, 1843, 2 vol. in-12, 8 fig. de Lefèvre, veau violet, fil. dor., dent. et milieu à froid, tr. dor. (*Reliures romantiques*).

310. HERVIEU (Paul). Critique du Ballet.

S. l. n. d., épreuve montée de format in-8.
Eau-forte de Albert Besnard, cart. dos. et
coins toile (*Pouillet*).

> EAU-FORTE DE ALBERT BESNARD inédite et non
> mise dans le commerce, une des rares épreuves tirées.
> L'Epreuve du texte est signée de Paul Hervieu. Le
> titre et quatre mots du début sont également de sa
> main.

311. HOUSSAYE (Henry). Le Premier Siège de
Paris. An 52 avant l'ère chrétienne, avec
une carte grav. *Paris*, 1876, in-16, br. —
La charge. Tableau de bataille, dessin d'E-
douard Detaille. *Paris*, 1894, in-12, front.,
br.

> Envois. Le premier volume est sur papier de Hol-
> lande.

312. HOUSSAYE (Henry). Voyage autour du
monde à l'exposition universelle. *Paris,
Quantin*, 1878, in-8, br. — La loi agraire à
Sparte. *Paris*, 1884, in-8, cart. toile, non ro-
gnée, couv. cons. — Ens. 2 vol.

> Envois. Le premier ouvrage est un TIRAGE A PART
> de la Revue des Deux mondes et le second de l'An-
> nuaire des études grecques, tous deux tirés sur PAPIER
> DE LUXE.

313. HOUSSAYE (Henry). Napoléon le Grand,

par Victor Hugo. *Paris*, 1902, in-4, texte encadr. d'un filet vert, br., couv.

> Envoi ainsi conçu : *A Paul Eudel amicalement Henry Houssage;* et au dessous de la main de l'auteur : UN DES 25 EX. SUR HOLLANDE.

314. HOUSSAYE (Henry), 1814, par Henry Houssaye de l'Académie française. Quarante-deuxième édition revue et augmentée depuis la quarantième. *Paris, Perrin,* 1903, in-12, demi-rel., dos et coins, tête dor., non rogn. (*Canape*).

> Précieux exemplaire d'épreuves de la dernière édition complète avec les corrections de la main de l'auteur. Il porte sur un feuillet la mention suivante écrite par Henry Houssaye, **1814**. *Ex. d'épreuves corrigées pour la 42e édition (définitive) (Ex. complet avec titre, faux titre et carte).*

315. HUGO (Victor). Poésies. *Paris, Hachette,* 1855, 2 vol. Théâtre, 3 vol. *Paris, Duriez,* s. d. (1855). Ens. 5 vol. in-12, demi-rel. veau rouge, tr. jasp.

> Ces volumes portent deux envois, l'un d'Alex. Legros et l'autre de Corhumel. On y a joint une lettre autogr. de V. Hugo, et 2 autog. du même et divers documents relatifs à V. Hugo.

316. HUGO (Victor), avant 1830, par Edmond Biré. *Nantes, Grimaud,* 1883, in-12, cart.

— Pierre Dufay. Victor Hugo à vingt ans,
glanes romantiques. *Paris, Mercure de
France*, 1909, in-12, br. — 2 vol.

Editions originales. Envois de l'éditeur pour le premier volume et de l'auteur pour le second.

317. Isole (Louise d'). Légendes Bretonnes.
Paris, Lemerre, 1887, in-12, fig.., cart. toile,
non rogn., couv. ill. cons. (*Pouillet*).

Exemplaire renfermant : 1º Les 7 DESSINS ORIGINAUX
de P. Comba ; 2º Quatre épreuves des six fig. hors texte
et de la couverture ; 3º Deux aquarelles originales de
P. Comba ; 4º Une lettre du même ; 5º Quatre lettres
de l'auteur (Mme Riom).

318. Jourdain (Frantz). Beaumignon, dessins
de Mlle Abbema, Besnard, Jeanniot, etc.
Paris, Lévy, 1886, port. et fig., cart. — A
la côte. *Paris*, 1889. — Les Décorés, ceux
qui ne le sont pas. *Paris, Empis*, 1895. —
De choses et d'autres. *Paris, Empis*, 1902.
—Ens. 4 vol. in-12, dont 2 cart., non rogn.,
couv. et 2 br.

Editions originales. Envois d'auteur. On a ajouté au
premier volume : Le manuscrit autog. d'un article de
Paul Eudel, sur l'ouvrage. 3 pp. et demi, in-8, 2 l. a. s.
de l'auteur, 8 articles et lettres relatives au volume.
A la Cote est sur grand papier avec 2 l. a. s.

319. Jourdain (Frantz). L'Atelier Chantorel,

mœurs d'artistes. Avant-propos de J.-H.
Rosny. *Paris, Charpentier*, 1893, in-12, br.,
étui.

> Edition originale.
> Un des **25** exemplaires sur PAPIER DE HOLLANDE,
> num. On y a joint 3 lettres autographes de l'auteur,
> un num. du journal des artistes.

320. LABICHE et DELACOUR. La Sensitive, comédie vaudeville en trois actes. *Paris, Mi-
chel-Lévy*, 1860, in-12, demi-rel.

> Edition originale. On y a joint une carte de Labiche
> avec quelques lignes adressées à Grimaud. Le premier
> feuillet d'un manuscrit et une lettre autographe de 3
> pages s. et datée 1er mars 1861, à Aug. Joltrois, dans le
> cours de cette lettre Labiche dit que M. Lefranc lui a
> conté une jolie histoire inédite sur Scribe. Il avait prêté
> 3.000 francs à Fontan que celui-ci ne pouvait lui
> rendre, il évitait Scribe par tous les moyens, enfin,
> un jour ils se rencontrent et Scribe lui dit: «Ah! Fontan,
> si vous ne pouvez me rendre mon argent, au moins
> rendez-moi mon ami!»

321. LARCHEY (Lorédan). L'Esprit de tout le
monde. Joueurs de mots. Les riposteurs.
Paris, Berger-Levrault, 1892, 2 vol. in-12.
— Douze Marseillaises. *Paris*, 1897, plaq.
in-12. — Ens. 3 vol. in-12, br.

> Editions originales. Envois.
> Douze Marseillaises a été tirée à **25** EXEMPLAIRES
> num., non mis dans le commerce.

322. LAROUSSE (Pierre). Grand Dictionnaire universel du xix° siècle. *Paris*, 1866, 17 vol. in-4 dont 2 suppléments, demi-rel. chag. vert, ébarb.

323. LEROI (Charles). Le Colonel Ramollot. Edition illustrée par Uzès. *Paris*, *Libr. Illustr.*, s. d., in-8, fig., demi-rel. maroq. roug. jans., tête dor., non rogn., couv. cons.

> Première édition illustrée. Exemplaire sur grand papier.
>
> Sur la demande de M. Eudel, comment il eut l'idée d'écrire le Colonel Ramolot. La réponse amusante de Charles Leroy couvre entièrement la page du faux-titre. Lettre de l'auteur ajoutée.

324 LORIN (Georges). Les gens! Fantaisie rimée, dite par F. Galipaux, illustrée par Cabriol. *Paris*, 1882, in-12, fig., maroq. brun clair, fil., dos orné, dent. intér., tr. dor., couv. cons. (*Chambolle-Duru*, 1884).

> Aux armes de Paul Eudel.
>
> Exemplaire sur papier du Japon. Envois de G. Lorin et de Cabriol, l'envoi de Cabriol accompagné un dessin, le portrait-charge de M. Eudel en tenue de soirée.

325. MAISONNEUVE (Thomas). La chanson de jeunesse. *Paris*, 1885. — Amours de Faûves, illustrations de Bac, Fau et Galice. *Paris*, 1886. — Les Printanières. *Paris*, 1887. —

Rimes blondes et chansons noires. *Paris* 1888, front. grav. par Picou. — Sur les petits. *Nantes*, 1889. — Marthe la blonde. *Nantes*, 1890. — Chansons du soir. *Nantes*, 1891. — La Belle au cœur dormant, 1893. — Souvenirs de route. Sonnet. *Rennes*, 1898. — Aquarelles provençales. Pointes-Sèches bretonnes, dess. de Lélée et de Thomas Maisonneuve. *Paris*, 1910. — Ens. 10 vol. in-8 et in-12, br.

Éditions originales. Envois à tous les volumes.

326. MARTHOLD (Jules de). L'Année dans un fauteuil, 1888, in-4, dess. de J.-A. Loron, Lebègue, etc., br.

Deux feuillets du manuscrit original de J. de Marthold. 4 états de la couverture et le tirage à part ou épreuves de la plupart des vignettes.

327. MARX (Roger). La Loïe Fuller. Estampes modelées de Pierre Roche. *Paris*, (*Cent Bibliophiles*), 1904, in-fol. en feuilles dans un carton.

Tiré à 130 exemplaires numérotés (nº 41).

328. MAUPASSANT (Guy de). Cinq contes parisiens, illustrations de Louis Legrand. *Paris*, *Pour les cent bibliophiles*, 1905, in-4, br.

Tiré à 130 exemplaires numérotés (nº 41).

Figures de LOUIS LEGRAND, imprimées en couleur.

329. MICHELET (Jules). Le Peuple. *Paris*, 1860.
— L'Oiseau, 1863. — L'Insecte, 1858. —
L'Amour, 1859. — La Femme, 1860. — La
Mer., 1861, édit. orig. — La Sorcière, 1865.
— La Montagne, 1868, édit. orig. — Nos
fils, 1870, édit. orig. — La France devant
l'Europe, 1871. — Mémoires d'un enfant par
Mme J. Michelet. *Paris*, 1867. — Ens. 11
vol. in-12, demi-rel. veau vert, dos ornés,
tr. peigne.

> On y a joint 1 lettre autographe de J. Michelet et
> une lettre de Mme J. Michelet.

330. MONOLOGUES de Paul Bilhaud, Paul
L'Heureux, Georges L'Heureux, Georges
Lorin, Clairville, Leclerc, Grenet Dancourt,
Liquier, Jules Lévy, Jules Jouy, etc. — Bilhaud. Les Gens qui rient, 1881. — Ens.
1 vol. et 57 monologues en 7 vol. in-12,
cart.

> Tous ces monologues ont été dits par Félix Galipaux
> et envoyés à Paul Eudel. Le spirituel acteur et auteur
> a composé avec le titre de plusieurs monologues des
> phrases amusantes en guise de dédicace.
> Lettres autographes de Paul Bilhaud, de Paul L'Heu-
> reux, de G. Lorin.

331. MONSELET (Charles). Rétif de La Bretonne,
sa vie et ses amours. *Paris, Aubry*, 1858,
in-12, 1 portrait, gr. par Nargeot et un fac-

simile, demi-rel. mar. vert, dos orné, tête
dor., non rogn. (*Lemardeley*).

> Exemplaire sur papier vergé. Avec cette note de Monselet sur un feuillet de garde. Il y a eu une première couverture de ce livre au nom d'« Alvarès fils, éditeur, rue de la lune. » C'est un restant d'édition qui fut vendu au libraire Aubry, et pour lequel celui-ci fit faire une nouvelle couverture.
>
> Malgré cette transmission, le livre est devenu très rare (Note pour mon confrère Paul Eudel). Charles Monselet.

332. MONSELET. Les Tréteaux de Charles Monselet, avec un frontispice dessiné et gravé par Bracquemond. *Paris, Poulet-Malassis, 1859,* in-12, demi-rel.. dos et coins mar. vert, dos orné, tête dor., non rogn.

> Un des **10** exemplaires sur PAPIER DE HOLLANDE. Avec le frontispice sur papier de Chine et sur pap. de Hollande. Portrait de Monselet, grav. par Leguay, ajouté. Ainsi qu'une lettre de Bracquemond. Sur une garde cette note de la main de Monselet.
>
> « *Je suis allé moi-même dans le temps à Alençon pour surveiller les épreuves de ce livre, un de ceux de la collection Poulet-Malassis qui se sont le plus vite écoulés. C. M.* »

333. MONSELET (Charles). Théâtre du Figaro. *Paris, Sartorius,* 1861, in-12, front. de Voillemot. — Une Troupe de Comédiens.

Paris, Tresse, 1879, in-12. — Ens. 2 vol.,
cart. toile, non rogn., couv. cons.

    Aux armes de Paul Eudel.
    Editions originales. Envois et cartes de Charles
Monselet.

334. MONSELET (Charles). Gastronomie, récits
de table. Deuxième édition. *Paris, Charpen-
tier,* 1874, in-12, demi-rel. chag. roug. —
Scènes de la vie cruelle. 1876, cart. — La
Revue sans titre. Revue de l'année 1876.
Representée pour la première fois sur le
Théâtre des Variétés. *Paris,* 1877, in-16,
cart. —Encore un !... *Paris,* 1885, in-12,
cart. toile. — Petits mémoires littéraires.
Paris, 1885, in-12, cart. toile. — L'Ilote.
Comédie en un acte par Monselet et Paul
Arène. *Paris,* 1875. — Ens. 6 vol.

    Les 4 premiers volumes aux armes de Paul Eudel.
    Editions originales sauf la Gastronomie. L'Ilote,
exemplaire de Charles Monselet avec son ex-libris.
Les autres portent un envoi de Ch. Monselet à
M. Eudel.

335. MONSELET (Charles). Le Petit Paris. Tableaux et figures de ce temps. *Paris, Dentu,*
1879, in-12, cart. toile, non rogn. couv.
cons. aux armes de Paul Eudel.

    Edition originale. Envoi à Paul Eudel l'Ingénieux
polygraphe Charles Monselet.

336. Monselet (André). Charles Monselet, sa vie, son œuvre. *Paris, Testard*, 1892, in-4, br.

> Un des 25 exemplaires sur papier du Japon. Envoi de Monselet.
>
> On y a joint un 2ᵉ état du portrait de Ch. Monselet grav. par Desmoulin.

337. Montagne (Edouard). Histoire de la Société des Gens de lettres. Préface de Jules Clarelie. *Paris, Librairie Mondaine*, s. d. (1889), gr. in-8, portr., en 4 vol., demi-rel. veau gris, non rogn., couv. cons.

> Exemplaire dans lequel on a intercalé 800 pièces diverses, dont environ 750 lettres autographes des Sociétaires, parmi lesquelles :
>
> Baron de Lamothe-Langon, le célèbre auteur de nombreux Mémoires apocryphes, 2 l. a. s.
>
> Février 1838, 1 p. in-8. Il refuse sa signature à l'acte constitutif de la Société des Gens de lettres... faire du plus sublime des arts une commandite, voir la question d'argent à côté de celle de l'esprit l'humilierait trop. Royaliste par conviction il ne peut oublier le propos célèbre de Napoléon au Marquis de Fontane « Laissez-nous au moins la République des lettres... » etc., 3 juin 1862: Cher confrère en littérature et en affections, la mort rôde autour de moi... nous sommes horriblement endettés.... Cette lettre sera, tout me le fait croire, la dernière que ma main vous adressera. Mes yeux s'éteignent.
>
> Alexandre Dumas, s. d., demi-p. « J'ai compté sur

vous. Envoyez-moi par cette bonne femme les 150 fr.
si vous ne voulez pas que je me pende. »

ALEXANDRE DUMAS FILS : Poésie autog. signé (la
création de la femme) dédiée à Mme D***; 1 p. et demie
in-4.

GÉRARD DE NERVAL. Une feuille de papier timbré
portant 2 lignes et la sign autog. de l'écrivain.

FRANÇIS WEY, 3 l. a s. Février 1851. Il propose à
Champfleury un travail à exécuter pour le compte du
Baron Taylor.

Mars 1855, l. relative aux peintres Courbet et Français.

CHAMPFLEURY. 7 l. a s. Projets de traités littéraires.
Janvier 1866 : Importante lettre adressée à Frédéric
Thomas, 5 pp. in-8. Champfleury y donne d'intéressants détails sur son éducation, sa jeunesse, sa vie et
ses travaux. Il juge avec sévérité l'œuvre de la géné-
ration littéraire qui a précédé la sienne.

FRÉDÉRIC THOMAS. 1866, 3 p. p. in-8. Intéressante
lettre où il répond à Champfleury et réfute ses critiques.

HIPPOLYTE CASTILLE. A Champfleury. 2 pp. in-8.
Relation d'aventures galantes.

MÉLANIE WALDOR. Une poésie. Le Soir, 1857, 1 p.
in-8.

LOUIS HUART. 1 p. in-8, relatives aux clichés du
Charivari.

PAUL FÉVAL. Novembre 1842. Il propose de se char-
ger de la traduction du tarif des Douanes de Toscane.

ALFRED DELVAU. 2 l. a. s. Février 1866; 2 pp. in-8.
Il parle du procès en contrefaçon que lui intente Lorédan Larchey. Il exprime sa satisfaction que cette
cause soit portée devant la Société des Gens de lettres.

— 1 p. in-8, relative à *Miss Fauvette* (nouvelle), datée de Namur, chez M. Félicien Rops.

Firmin Maillard. Lettre à Champfleury.

Il annonce la publication d'une étude historique sur la Morgue à la suite de laquelle il désirerait reproduire la fantaisie de Champfleury sur le même sujet « c'est de tout ce qui a été fait sur cet établissement ce qui en donne une plus juste idée aux lecteurs. »

Charles Monselet. Chargé d'écrire un article sur le cinquantenaire de la Société il demande à Edouard Montagne plusieurs renseignements.

Léon Lavedan. 2 Lettres dont une à Champfleury. Il lui demande, pour le Correspondant, un travail historique sur la Manufacture de Sèvres.

Henri Lavedan. 1 p. in-8 : Il remercie de son admission à la Société des Gens de lettres.

François Coppée. 2 l. dont une à Bergerat.

Il ne peut lui réserver le droit exclusif de reproduction d'un à-propos. Il propose de lui faire un bel autographe.

Les autres lettres qui composent cet important recueil sont signées :

François Arago. — Virginie Ancelot. — Henry Monnier, 1857, 1 p. in-8. — Xavier Saintine. — Henri Martin. — Nadar. — Camille Doucet, 3 l. — Charles Asselineau, 2 l. — Alfred Assolant. — Maquet. — Léon Gozlan. — Veron. — Lachambeaudie. — Pitre Chevalier. — Auguste Vitu. — Méry. — Baron Taylor. E. Souvestre. — Touchard-Lafosse. — Louise Colet. — Paul Lacroix. — Lasailly, 2 l. — Poulet-Malassis. — Edouard Thierry. — Jules Simon. — Comtesse Dash. — Eugène de Mirecourt. — Théodore de Banville. — Mary Lafon. — Aurélien Scholl. — Fertiault. — Tony Révillon. — Arsène Houssaye. — Henry Houssaye. —

Alex. Piedagnel. — Ed. Cadol. — Léon Cladel. —
Emile Deschanel. — Ferdinaud Fabre, 2 l. — Anaïs
Ségalas, 2 l. — Albéric Second. — Elie Berthet. —
Lemercier de Neuville. — Lorédan Larchey. — De
Lescure. — Louis Enault. — Charles Leroy. — Mélan-
dri. — Emile Pouvillon. — Claude Vignon. — Oscar
Méténier. — Gustave Toudouze. — Jules Moinaux. —
Jules Troubat. — Pimodan. — Chincholle. — Cherbu-
liez. — Eugène Muller. — Ernest Hamel. — André
Theuriet. — Henri de Bornier. — Albert Wolff. —
Louis Ulbach. — Edmond Bazire. — Ginisty. — Jean
Aicard. — Gyp. — Jean Rameau. — Danrit. — Léon
Séché. — Roger Marx. — Paul Eudel. — Edouard
Montagne. — Stanislas Meunier. — Jules Claretie. —
Paul Bourget, etc.

On y joindra un exemplaire du même ouvrage, avec
un envoi d'auteur et l'article de Monselet sur le Cinquantenaire de la Société, ajouté, cart. demi-toile.

**338. MOUREY (Gabriel). Fêtes foraines de Pa-
ris, gravures d'Edgar Chahine. *Paris*, 1906,
in-4, fig. en feuilles, couv. dans un étui.**

Tiré à **130** EXEMPLAIRES num. pour les Cent bibliophiles.

**339. NANTES. Archives curieuses de la ville de
Nantes et des départements de l'Ouest. Recueillies et publiées par J. Verger. *Nantes*,
1837-1841, 5 vol. in-4, fig. en livraisons et
broch.**

340. NANTES. 44 vol. ou brochures et 20 lettres ou documents divers.

Exposition des Beaux-Arts. Archéologie et peinture ancienne. Catalogue raisonné. *Nantes*, 1872, in-8, 13 planches, maroq. rouge, tête dorée, non rogn. (*Barbier*). Un des 100 ex. sur papier de Hollande, 4 l. a. s. de F. Parenteau, ajoutées. — Le même, ex. sur papier chamois, demi-rel. 2 lettres ajoutées. — Musée Th. Dobrée. Catalogue général des collections, par P. de Lisle du Dreneuc. *Nantes*, 1906, in-12, fig., br. — Nantes la Grise, cinquante lithographies, dessins et texte de Grand-Jouan, 1899. — *Le Breton*, journal quotidien du 2 janvier au 7 avril 1855. 80 n^{os} en 1 vol. in-folio, demi-rel. — Robert Oheix : Aux amis de Brizeux, plaq. in-18. — Les six Ingénus, ou la famille des innocents, ballet-pantomime de M. Duport. *Nantes*, s. d. (1821), cart., etc.

341. NANTES. 4 vol. in-8, demi-rel.

Alphonse Cézard : Nantes et son commerce extérieur, 1860. — La situation actuelle du commerce et de l'industrie en France. 1861. — Le traité de commerce et la législation douanière. — Lettre à M. J. Voruz, député de Nantes, s. d.
4 lettres de l'auteur jointes.

342. NANTES. Angot (Joseph). Miscellanées, à la poignée. *Nantes, Durance*, 1908, in-4, fig., br. (Tiré à 50 ex. num.). — Destranges. Le Théâtre à Nantes depuis ses origines jusqu'à nos jours. 1430-1893. *Paris, Fischbacher*,

1893, in-12, br. — F. C. Les choux de Vendée et trois pieds de tabac. Essai humoristique. 1894, in-8, br. — Fournier. Voyage
à Rome et dans quelques villes d'Italie.
Nantes, 1863, in-8, demi-rel. — Bibliographie de Robert Oheix. 1845-1904, 1906,
plaq. in-12, br., tirée à 50 ex. — Ens. 4 vol.
et 1 plaq. in-4, in-8 et in-12, rel. et br.

343. Nantes. L'Artillerie Nantaise. 1870, par
Paul Eudel. *Paris*, 1909, in-12, mar. bleu,
cinq filets, dos ornés, 7 filets intér., tr. dor.
(*Chambolle-Duru*).

> Aux armes de Paul Eudel.
> Exemplaire UNIQUE tiré sur PAPIER DU JAPON.

344. Nantes. Correspondance relative à la ville
de Nantes.

> Henri Demangeat, environ 150 l. a. s., 1856 à 1863.
> Recueil poétique d'un amateur (H. Demangeat), poé-
> sies manuscrites, 70 pp — Alfred Lefrançois, 17 l. a.
> s., 1857-1880. — Paul Eudel, 46 lettres, 1856-1857,
> écrites de Saint-Pierre de La Réunion.

345. Nantes et le Département au xixe siècle.
Littérateurs, savants, musiciens et hommes
distingués par Em. Maillard. *Nantes*, 1891,
in-4. — L'Art à Nantes au xixe siècle, par

Em. Maillard. *Paris*, s. d., in-4, fig. — Ens.
2 vol., 1 br., 1 rel.

> Lettre de l'auteur et documents divers ajoutés.

346. NANTES. Eudel (Paul). Le Comité répu-
cain de Nantes, 1870-1874. *Niort, Clouzot,*
1903, in-12, cart. maroq. rouge, non rogn.,
couv. cons.

> Aux armes de Paul Eudel.
>
> Ouvrage rare, tiré à 55 exemplaires num., réservés
> seulement aux survivants du Comté Républicain de
> Nantes et non mis dans le commerce.
>
> Un des 4 EXEMPLAIRES num. sur PAPIER DE HOL-
> LANDE, auquel on a ajouté :
>
> Règlement du Comité Républicain. *Nantes,* 1870,
> plaq. de 8 pp., imprim, sur papier de Hollande.
>
> Le manuscrit autog. de la préface de l'ouvrage, par
> Paul Eudel, 6 pp. in-8.
>
> 4 lettres autog. sign. de Frédéric Passy, dont une
> importante lettre politique, octobre 1870, de 12 pp.
> in-8.
>
> Louis Blanc, l. a. s., 1872, 2 pp. in-8.
>
> Edgar Quinet. l. a. s., 1872, 3 pp. in-8.
>
> 7 lettres et documents divers.

347. NANTES. La Gastromie à Nantes, par Paul
Eudel. *Nantes,* 1908, in-12, demi-rel., dos
et coins mar. rouge, tête dor., non rogn.,
couv. cons.

> Tiré à 50 exemplaires non mis dans le commerce.
>
> On y joindra le manuscrit autographe de Paul
> Eudel.

348. NANTES. Histoire de Nantes par A. Guepin avec dessins de Hawke et deux plans. *Nantes*, 1839, in-8, demi-rel., dos et coins maroq. vert, tête dor., non rogn.

> Avec 4 lettres autographes de l'auteur. Manque 1 plan de Nantes 1838.

349. NANTES. Le Livre doré de l'Hôtel de ville de Nantes, avec les armoiries et les jetons des Maires, par Alexandre Perthuis et S. de La Nicollière-Teijeiro. *Nantes*, 1873, 2 tomes en 1 vol. gr. in-4, front., armoiries et 15 planches gr. de jetons et méreaux, maroq. rouge, doublé de mar. bleu, filets et large dent. intér., doubles gardes, tr. dorées (*Chambolle-Duru*). — Le Livre doré de l'Hôtel de ville de Nantes. Supplément. *Nantes*, 1890, gr. in-4, front. et 1 planche, demi-rel. dos et coins de mar. rouge, tête dorée, non rogn., couv. cons. (*Pouillet*).

> Le premier volume, aux armes de Paul Eudel, est un des 7 exemplaires imprimés sur papier gris, avec les planches de jetons en double épreuve : en noir et en bistre. Le Supplément est imp. sur papier de Hollande.
>
> On y a joint : le portrait, l'ex libris, gr. et 4 l. a. s. d'Al. Perthuis, l'un des auteurs, 1 pl. gr., armoiries de Nantes, non utilisée, 39 lettres de Maires de cette ville et pièces diverses. Ens. 46 pièces ajoutées, plus

Armoiries de la Ville de Nantes par A. Perthuis et de La Nicollière. *Nantes*. 1870, avec 5 l. a. s. de Perthuis.

Envoi. Ouvrage tiré à 53 exemplaires.

350. NANTES. Les Locutions Nantaises, par Paul Eudel. Préface de Charles Monselet. *Nantes*, 1884, in-12, front., texte encadr. d'un filet rouge, cart., non rogn.

Aux Armes de Paul Eudel.

Un des DIX exemplaires sur PAPIER DU JAPON.

Précieux exemplaire auquel on a ajouté le MANUSCRIT AUTHOGRAPHE de la préface de CHARLES MONSELET.

351. NANTES. Procès-verbaux du conseil municipal de Nantes, extraits des séances du 12 mai 1871 au 28 décembre 1874, recueillis par Paul Eudel. *Nantes*, 1871-1874, 4 vol. in-8, demi-rel., chag. rouge, non rogn.

EXEMPLAIRE PRÉCIEUX auquel on a ajouté 87 pièces. Nombreuses lettres de conseillers municipaux et maires de Nantes, Guepin, Leloup, Ménard, Eudel, Colombel, dont 9 l. a. s. de WALDECK-ROUSSEAU; le texte autog. d'un important discours du même sur la liberté de l'enseignement, etc.

La première partie du 1er vol. est tirée à UN SEUL EXEMPLAIRE SUR PAPIER DE HOLLANDE, POUR M. PAUL EUDEL.

Même les exemplaires sur papier ordinaire ont été tirés à petit nombre et n'ont pas été mis dans le commerce.

352. NANTES. Réunion de 5 vol. ou plaq. et
1 atlas, in-4 et in-8, cart. et br.

> Société archéologique de Nantes. Allocution de
> M. A. de Brémond d'Ars, 1887. — Foulon-Ménard.
> Alexis Transon de Nantes, charcutier, philosophe et
> antiquaire, 1874, lettre de l'auteur ajoutée. — Pitre de
> Lisle : La Bretagne primitive, 1882, planches, 2 lettres
> de l'auteur ajoutées. — G. Bastard : Saint-Nazaire,
> son histoire. *Nantes*, s. d., fig. et cartes. — Raoul de
> Rochebrune. Les troglodytes de la Gartempe. Fouilles
> de la grotte des Cottés. *Fontenay-le-Comte*, 1881,
> 1 vol. de texte et 1 atlas de 26 planches, tiré à 80 exem-
> plaires, 3 lettres de l'auteur jointes.
> Envoi d'auteur à 4 volumes.

353. NANTES. Le Vieux Lycée de Nantes, par
Paul Eudel (Extrait du Livre d'or du Lycée).
Nantes, 1909, gr. in-8, demi-rel., dos et coins
de mar. grenat, tête dorée, non rogn., couv.
cons. (*Champs-Stroobants*).

> Tiré à 20 exemplaires num.
> Ex. unique sur papier du Japon. On y joindra : Paul
> Eudel. Etudes pittoresques sur le quartier Saint-Pierre
> (Ile de La Réunion). *Nantes*, 1864, in-8, mar. rouge,
> dent. intér., tr. dorées. Exempl. imprimé sur papier
> jaune.

354. NERVAL (Gérard de). Histoire de la Reine
du Matin et de Soliman, Prince des Génies.
*Les Cent Bibliophiles. London The Eragny
press.*, 1909, in-8, fig. en couleur, cart. en

cuir souple, les plats couverts d'ornements, dor., non rogn., étui.

> Tiré à 130 exemplaires pour la Société des Cent Bibliophiles.
>
> Les illustrations dessinées par Lucien Pissarro et gravées sur bois par Esther et Lucien Pissarro. Les Lettres ornées et le titre sont impr. en couleurs avec rehaut d'or, les autres figures sont tirées en bleu.

355. **Nos cinquante ans.** Récits, contes et nouvelles (par les auteurs signataires de l'exempl.). *Paris, Dentu*, 1888, in-12, cart. toile, non rogn.

> Aux armes de P. Eudel.
>
> Exemplaire portant la signature autographe des auteurs suivants : A. Arnould, P. Audebrand, E. d'Auriac, Borel d'Hauterive, Henri de Bornier, Aug. Challamel, Ch. Chincholle, Jules Claretie, Louis Collas, P. Eudel, Ferdinand Fabre, Ed. Grimblot, F. Jahyer, J. Mary, Ed. Montagne, J. Noulens, Em. Richebourg, Jules Simon, André Theuriet, Edmond Thibaudière, Ed. Thierry.

356. **Pantomimes.** Biographie de Deburau par Faucheur. *Paris*, 1862. — Notice sur Deburau. *Paris*, 1866. — L'œuf rouge et l'œuf blanc par Charles et feu Deburau. — Pantomimes de Gaspard et Charles Deburau, trad. E. Goby. *Paris*, 1889, front. — Mémoires et Pantomimes des Frères Hanlon

Lees. Eaux-fortes de Régamey. — Ens. 3 vol. br. et cart.

Portraits de Deburau ajoutés. Les Pantomimes de Deburau sur papier du Japon. Envoi de Régamey.

357. PANTOMIMES. Fernand Desnoyers. Le Bras noir, dess. de Courbet. *Paris*, 1856, Viard, Pierrot marié, épopée, pantomime féerique en 3 parties et 19 tableaux. *Paris*, 1847. — Paul Margueritte. Pierrot assassin de sa femme. *Paris*, 1882. — Catulle Mendès Le Docteur blanc. Musique de Pierné. *Paris*, 1893, fig. — 16 Pantomimes de Charles, Jouhaud, Laurent, Rimbert de Neuville, Pol Mercier, Maxime Delor, Jules Choux, Paul Legrand, toutes ces pièces en édit orig. de 1845 à 1865. — Ens. 20 pièces in-12, br. et cart.

Lettre a. s. de Fernand Desnoyers, notes de Champfleury, 10 lettres a. s. de Paul Margueritte et documents divers ajoutés.

358. PANTOMIMES. Mémoires des Frères Hanlon Lees. Préface de Banville. Dess. de F. Régamey. *Paris*, s. d. — Larcher et Hugounet. Les Soirées funambulesques. *Paris*, s. d., portr., fig. — Hugounet et Villeneuve. Doctoresse, pantomime en un acte. *Paris*, s. d., fig. — Hugounet. Mimes de Pierrots. *Paris*,

1889, front. — La musique et la pantomime. *Paris*, s. d. — Ens. 5 vol. in-12 et in-8, br. et cart.

> Envois et Lettres des auteurs.
> Doctoresse. Un des 10 exemp. sur japon non mis dans le commerce.
> Les Soirées. Un des 20 ex. sur pap. du Japon.
> La musique et la pantomime. Exemplaire UNIQUE tiré sur papier saumon, auquel on a ajouté une Préface inédite et autographe de l'auteur.

359. PERRET (Paul). Les Pyrénées françaises III, L'Adour, la Garonne et le pays de Foix, illustrations par E. Sadoux. *Paris*, 1884, in-8, cart., demi-toile, non rogn., couv. cons.

> Envoi de Paul Perret.
> On y a joint le manuscrit d'un article sur la fondation du journal Le Suffrage Universel, fondé par Jouffroy fils du Philosophe.

360. PHYSIOLOGIE DU FUMEUR (par Théodose Burette), illustrée par (Eug. Giraud), publiée par (Ernest Bourdin). *Paris, E. Bourdin* (1840), in-32, vign. dans le texte, cart., non rogn., couv. cons.

361. POIDEVIN (Fernand). Marines. Esquisses et Pochades (en vers). Préface de Léon Duvauchel, illustré de photographies et d'aquarelles de l'auteur. *Au Crotoy, chez l'auteur*

MDCCCC. (1900), in-fol. (25 sur 13), cart.

> Livre très curieux TIRÉ PAR L'AUTEUR à **25** exemplaires. Le texte et des ornements sont autographiés et tirés en bleu et en couleur. Aquarelles, 25 photographies montées dans le texte. Envoi. 2 lettres de l'auteur ajoutées.

362. Rollinat (Maurice). Dans les Brandes, poëmes et rondels. *Paris, Sandoz,* 1877, in-12, cart. toile, non rogn., couv. cons.

> Aux armes de Paul Eudel.
> Edition originale. 2 cartes et une lettre aut. s. de Rollinat, son portrait avec dédicace à Paul Eudel, plusieurs articles de journaux ajoutés.

363. ROLLINAT (Maurice). Les Névroses. Les Ames. Les Luxures. Les refuges. Les Spectres. Les Ténèbres. *Paris, Charpentier,* 1883, in-12, portr. par Dumoulin, maroq. rouge, trois filets, dos orné, dent. intér., tr. dor. (*Chambolle-Duru,* 1885).

> Aux armes de Paul Eudel. Edition originale.
> Un des 10 exemplaires sur papier du Japon. Envoi. Deux belles lettres autographes de Rollinat ajoutées.
> Dans l'une il répond à Paul Eudel. « Votre lettre si profondément sympathique m'indemnise des mauvais procédés de certains amis que ma petite réussite a tout simplement affolés et dont l'esprit à mon endroit n'est plus désormais qu'une poche à fiel. »
> Il est très curieux que ce poète qui commence son livre par les vers suivants et semble connaître les

hommes se soit arrêté un instant au dire de ses amis.

> Crachant au monde qu'il effleure
> Sa bourdonnante vanité
> L'homme est un moucheron d'une heure
> Qui veut pomper l'éternité.
> C'est un corps jouisseur qui souffre
> Un esprit ailé qui se tord ;
> C'est le brin d'herbe au bord du gouffre
> Avant la mort.

364 RÉGNIER (Henri de). Trois contes à soi-même. Miniatures de Maurice Ray, gravées par A. Bertrand. *Paris, Pour les Cent Bibliophiles*, 1907, in-folio (23 sur 18) en feuilles dans un étui.

Tiré à 130 exemplaires pour la Société Les Cent Bibliophiles. Publié par les soins de M. E. Rodrigues.

365 SAINTE-BEUVE (C.-A.). Livre d'Amour, préface par Jules Troubat. *Paris*, 1904, in-4, br.

Exemplaire sur papier du Japon non numéroté. Envoi de Jules Troubat. On y a joint 3 lettres de J. Troubat à P. Eudel. L'Article du 16 février 1906 paru dans la Liberté signé Etienne Charles (G. Hugo).

366. SALIS (Rodolphe). Contes du Chat Noir. L'Hiver, dessins de A. Willette, H. Rivière, H. Pille, H. Somm, Loys, F. Fau, Steinlen, Uzès, Heidbrinck, préface de P. Gille. Pro-

logue de A. Willette. *Paris, Libr. illustrée,
s. d., in-8, br.*

Edition originale avec cette dédicace de Rodolphe
Salis.

A Messire Paul Eudel nostre bon et cher voysin et
grand scavant bibliophile Maistre erudict en la science
des belles chaouses de jadis.

J'offre cettuy libvre escrifst à la fasson d'Aultrefoys.

Pour distraire les gens d'esprit et non les ordé
puants matagots parpaillot dont le diable emporte
l'âme et qu'au lieu d'aymer les belles lettres françaises
font de la politique.Rodolphe Salis, décembre 1887.

367. Salles (Auguste). L'Abbé Follioley, sa
vie et son œuvre (1836-1902). *Niort, L. Clouzot, 1904,* in-8, portr., br.

Exemplaire unique tiré sur papier du Japon.

368 Séché (Léon). Musset dans un nid. *Paris,*
1879, tiré à 300. — Joachim Du Bellay.
Paris, 1880, in-8, eaux-fortes de Pierre Vi-
dal. — Contes et figures de mon pays. *Paris,* 1881. — Jules Simon, sa vie, son œuvre. *Paris,* 1887. — Educateurs et moralistes. *Paris,* 1893. — Ens. 5 vol., 4 cart.,
1 br.

Editions originales. Envois. 17 lettres de l'Auteur,
L. a. s. de Mlle Cornelie de la comédie française.

369. Séché (Léon). La Revue illustrée de Bretagne et d'Anjou. Directeur Léon Séché. *Paris*, 1886 à 1888, 3 vol. in-4, fig., demi-rel. mar. vert, non rogn., couv. cons.

On y a joint 12 lettres autog. de Léon Séché à Paul Eudel.

370. Séché (Léon). Paul Eudel. *Laval*, 1887, in-12, 3 portraits grav., fig., mar. bleu, 3 filets, dos orné, dent. intér., tr. dor., couv. cons. (*Chambolle-Duru*, 1889).

Aux Armes de Paul Eudel.
Un des DIX exemplaires sur PAPIER DU JAPON.

371. SOMM (Henry). La Berline de l'émigré, ou jamais trop tard pour bien faire, comédie en un acte, illustrée par l'auteur. *Paris, Vanier*, 1892, pet. in-8. fig., mar. rouge, tête dorée, non rog., couv. ill. cons.

Aux armes de Paul Eudel.
Un des 50 exemplaires num. sur papier du Japon, orné, sur le faux-titre, de COMPOSITIONS ORIGINALES plume et aquarelle, par Henry Somm.

372. SOMM (Henry). L'Escalier. S. l. n. d. (*Paris, Imp. Blot*), plaq. de 4 pp., pet. in-4, cart. toile (*Pierson*).

Exemplaire enrichi de compositions originales, plume et aquarelle, par Henry Somm, encadrant le texte.

373. THEOCRITE. Œuvres de Théocrite. Traduction nouvelle de Paul Desjardins, eaux-fortes par Armand Berton. *Paris, Société des « Cent bibliophiles, »* 1910, in-4, fig., br.

Cet ouvrage a été imprimé à **130** EXEMPLAIRES numérotés (n° 41) imprimé pour M. Paul Eudel.

Il se compose de 4 ff. préliminaires pour le faux titre, la justification du tirage, le front. et le titre, de 280 ff. chiffrés et 2 ff. non chiffrés dont un pour l'achevé d'imprimer et l'autre blanc.

Les figures comprises dans la pagination se composent de 31 grandes figures, 31 vignettes et 31 culs-de-lampes, couv. illustr. d'un médaillon de Théocrite.

Il a été publié par les soins de MM. Eugène Rodrigues et Henri Vever.

374. THEURIET (André). Nouvelles intimes. Les Souffrances de Claude Blouet — L'Abbé Daniel — Lucile Desenclos. *Paris, Lemerre,* 1870, in-12, br.

Edition originale. Envoi et une intéressante note bibliographique de la main de A. Theuriet, sur le faux titre. Lettre et carte de l'auteur ajoutée.

375. THIAUDIÈRE (Edmond). La Proie du néant (notes d'un pessimiste). *Paris, Ollendorff,* 1886, in-18, br.

Edition originale. Exemplaire sur papier de Hollande num. avec note manuscrite de deux pages de l'auteur.

376. THIERRY (Maurice). Paul Eudel, biographie. *Paris*, 1903, in-16 de 32 pp., maroq. roug. jans., dent. intér., tr. dor. (*Chambolle-Duru*, 1904). — J. Troude. La Maison de Paul Eudel. S. l. n. d., in-12, mar. grenat jans., tête dor.

> Tiré à petit nombre et non mis dans le commerce.

377. TOUDOUZE (Gustave). Œuvres. *Paris, Dentu, Havard*, 1873-1902, 23 vol. in-12, cart. toile, non rog., aux armes de Paul Eudel.

> Editions originales. Chaque volume porte un envoi plus une ou plusieurs pages manuscrites de l'auteur donnant la génèse de chacun de ces ouvrages, la source des idées et l'indication discrète des personnages réels dont il a décrit les caractères les joies et les souffrances, les lieux où se sont passés les épisodes.
>
> L'Intérêt littéraire de ces pages m'engage à ne pas séparer cette curieuse réunion. On y a joint la première lettre de l'auteur à Paul Eudel.

378. TOUDOUZE (G.). Le Pompon vert. *Paris, Havard*, 1887, in-12, cart. maroq. vert, non rog., couv. cons. (*Pierson*).

> Aux armes de Paul Eudel.
>
> Edition originale. Exemplaire imprimé sur PAPIER DE HOLLANDE, enrichi sur les faux titres et les marges de 25 AQUARELLES ORIGINALES DE A. BLIGNY, d'une excellente exécution.
>
> Belle lettre autog. de G. Toudouze à Paul Eudel,

5 pp., ajoutée. L'auteur y parle des souvenirs qui lui ont inspiré cet ouvrage et remercie M. Bligny d'avoir si bien peint les petits « moblots. »

379. TROUBAT (Jules). Œuvres. 12 vol. et 10 plaq. in-12, br.

Document nouveau sur Sébastien Bourdon (Extrait de l'*Art*), 1875. — Plume et Pinceau. *Paris, Liseux,* 1878. — Le sergent Fricasse. *Compiègne,* 1882. — Le blason de la Révolution. *Paris, Lemerre,* 1883. — Notes et Pensées. *Paris, Sauvaitre,* 1888. — Le mont Gancelon, le Grand Ferré. *Compiègne,* 1889. — Une amitié à la D'Arthez. Champfleury, Courbet, Max Buchon. *Paris, Duc,* 1900, ex. sur grand papier. — Même ouvrage, pap. ordinaire. — Essais de critique. *Paris, Lévy,* 1902. — Gaietés de Terroir. *Paris. Duc,* 1903. — Sainte-Beuve et Champfleury. *Paris, Mercure de France,* 1908. — La Salle à manger de Sainte-Beuve. *Paris, Mercure de France,* 1910. — Sainte-Beuve (C. A). Souvenirs et indiscrétions, publiés par son dernier secrétaire (J. Troubat). *Paris, Lévy,* 1880.

Editions originales sauf pour les *Gaietés de terroir.* Envois d'auteur.

380. VALBEL (Horace). Les Chansonniers et les Cabarets artistiques Dess. d'Alfr. Le Petit. *Paris, Dentu,* s. d., in-12, — Pour passer une heure, contes et nouvelles. *Paris, Bugniot,* 1904, in-12, texte encad. illustrations de Léandre, Auriol, de Lambert, Morin, Redon, Testevuide, etc. — Ens. 2 vol., br.

Editions originales. Envoi de A. Bugniot.

381. **Verrier** (A.-J.) et R. Onillon. Glossaire Etymologique et historique des patois et des parlers de l'Anjou comprenant le glossaire des dialogues, contes, récits et nouvelles, Folk-Lore de la province. *Angers*, 1908, 2 vol. in-8, br.

382. **Voyage** de trois Turcs de qualité, histoire mêlée de vrai et de faux comme le sont presque toutes celles qu'on lit. Traduit de l'arabe. *A Folichonopolis, chez Polissonnet. Rue du Badinage*, 1876, in-8, cart. dos et coins toile, non rogné, couv. cons.

> Ce livre plaisant tiré à petit nombre, imprimé à Rouen en 1891, chez Cagniard, a pour auteur M. J. Deschamps.

383. **Wismes** (Baron de). Un portrait de Molière en Bretagne. Etude sur quelques comédiens, farceurs et bouffons français et italiens au xviie siècle. *Nantes, s. d.* — Mémoire sur la résurrection de l'architecture gothique. *Rennes, s. d.*, Ens. 2 vol. in-8, demi-rel. et cart.

> Huit lettres de l'auteur ajoutées. Envois d'auteur aux deux volumes.

384. **Xanrof** (Léon). Chansons à Madame. Préface de Clovis Hugues. Couverture de George Cain, dess. de Alberti, Bataille, Brun, Capy,

Thoren, Payen, *Paris, Ondet*, 1891, gr. in-8,
br.

> Exemplaire sur PAPIER DU JAPON. Avec une jolie
> PIÈCE EN VERS AUTOGRAPHE de Xanrof, intitulée *Fleurs
> d'Hiver*, dédiée à Mme Paul Eudel.

385. ZOLA (Emile). Contes à Ninon, avec deux
dessins de Jeanniot. *Paris, Charpentier*, 1882,
in-32, cart. toile, non rogn., couv. cons.

386. ZOLA (Emile). Pot-bouille. *Paris, Charpentier*, 1882, in-12, cart., non rogn., couv. cons.

> Edition originale. Envoi d'Emile Zola.

387. ZOLA (Emile). Au bonheur des Dames.
Paris, Charpentier, 1883, in-12, mar. vert
trois filets, dos orné, dent. intér., tr. dor.
(*Chambolle-Duru*, 1885).

> Aux armes de Paul Eudel.
> Edition originale. Un des 10 exemplaires sur PAPIER
> DU JAPON. Envoi d'Emile Zola.

388. ZOLA (Emile). Au bonheur des Dames.
Paris, Charpentier, 1883, in-12, mar. rouge
fil. dos orné, dent. intér., tr. dor. (*Chambolle-
Duru*, 1885).

> Aux armes de Paul Eudel.
> Edition originale. Exemplaire sur GRAND PAPIER DE
> HOLLANDE. Envoi d'Emile Zola.

389. ZOLA (Emile). La Joie de vivre. *Paris, Charpentier*, 1884, in-12, mar. rouge, trois filets, dos orné, dent. intér., tr. dor. (*Chambolle-Duru*, 1885).

> Aux armes de Paul Eudel.
> Edition originale. Un des **10** exemplaires sur PAPIER DU JAPON. Envoi de Emile Zola.

390. ZOLA (Emile). Germinal. *Paris, Charpentier*, 1885, in-12. cart. maroq. rouge, non rogn., couv. cons.

> Aux armes de Paul Eudel.
> Edition originale. Un des 150 exemplaires num. sur PAPIER DE HOLLANDE, orné de **2** dessins originaux à la plume et de **60** AQUARELLES ORIGINALES de Pierre Comba. On y a joint : **2** lettres de Pierre Comba et **1** lettre autog. sign. de Emile Zola, remerciant Paul Eudel de lui avoir communiqué l'exemplaire dont il a feuilleté les illustrations avec intérêt.
> Envoi autog. sign. de Emile Zola à Paul Eudel sur le faux titre.

391. ZOLA (Emile). L'Œuvre. *Paris, Charpentier*, 1886, in-12, br., étui

> Edition originale. Envoi. Articles de journaux ajoutés.

392. ZOLA (Emile). La Terre. *Paris, Charpentier*, 1887, in-12, cart. maroq. rouge, non rogn., couv. cons.

> Aux armes de Paul Eudel.

Edition originale. Un des 275 exemplaires num. sur PAPIER DE HOLLANDE, orné de **56** AQUARELLES ORIGINALES de C. Jousset.

Lettre autog. de Emile Zola à Ed. Montagne et lettre de Paul Eudel à Emile Zola ajoutées.

393. ZOLA (Emile). La Terre. *Paris, Charpentier,* 1887, in-12, br., étui.

Envoi.

394. ZOLA (Emile). L'Argent. *Paris, Charpentier,* 1891, in-12, br., étui.

Edition originale. Envoi. Articles de ou sur Em. Zola ajoutés extraits et coupures de journaux.

LA ROCHE-SUR-YON

IMPRIMERIE CENTRALE DE L'OUEST

56-60, RUE DE SAUMUR, 56-60

ORDRE DES VACATIONS

Le Mardi 21 Janvier 1913

Numéros

Le Mercredi 22 Janvier 1913

9 782019 988111